KB190071

한 글

승 만 경

김현준 역

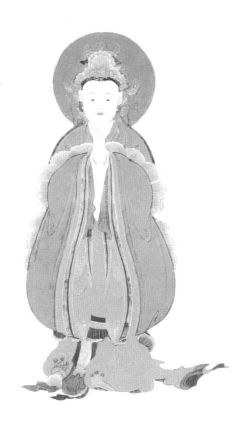

효림

※이 경전은 436년의 구나발타라가 한역漢譯한『승만사자후일승대방편방광
경』(대정신수대장경 T. 353)을 저본으로 삼아, 불교신행연구원 김현준 원장
이 한글로 번역하였습니다.

※표지 디자인 : 편집부

차 례

승만경을 읽는 분들께

여성인 승만부인이 주인공인 『승만경』과 남성인 유마거사가 주인공인 『유마경』은 대승의 재가보살이 설한 대표적인 경전입니다. 승만경에서는 재가의 왕비인 승만부인의 입을 통해 정법을 믿고 정법을 이해하고 정법을 지켜 나가는 대승보살의 삶을 매우 명쾌하게 설하고 있습니다.

특히 승만부인이 부처님 앞에서 지키겠다고 맹세하는 십대서원은 대승보살이 현실 속에서 어떠한 마음가짐을 갖고 어떠한 행을 닦아 나가야 하는지를 잘 밝혀주고 있습니다. 또한 '중생 속에 부처 있다', '중생이 곧 부처'임을 밝혀 중생에게 큰 희망과 자비심을 불러일으키게 하는 여래장 사상과 정법·번뇌·법신·일승·사성제·자성청정심·참된 불자가 무엇인지를 밝혀, 불자의 삶과 수행을 바른 길로 이끌어주고 있습니다.

이 경의 주인공인 승만부인은 사위국의 파사익왕과 말리부인 사이에서 태어난 왕녀로, 아유타국의 우칭왕友稱王과 결혼한 재가 여인입니다.

이 경의 첫머리는 승만부인의 부모가 불법에 귀의한 기쁨을 딸에게도 알려주기 위해 서신을 보내는 이야기로 시작됩니다. 부처님의 무량한 공덕을 찬양하는 내용을 서신으로 전달 받은 승만부인은 크게 기뻐하면서, 그 글을 수지독송하는 가운데 부처님의 찬란한 모습을 접하고, 부처님으로부터 장차 성불하리라는 수기授記를 받습니다. 이에 승만부인이 석가모니불 앞에서 십대서원과 삼대원을 세우고, 정법正法에 관한 자기의 주장을 상세하게 밝히는데, 부처님께서는 이를 듣고 법문의 올바름을 인정하고 칭찬하는 형식을 취하고 있습니다.

이 경은 총 15장으로 구성되어 있는데, 장 하나 하나의 길이는 매우 다양합니다. 제3장·7장·9장·10장·11장 등은 10행 내외의 극히 짧은 것인데 반해, 제4 섭수정법장攝受正法章과 제5 일승장一乘章은 매우 길게 설명하고 있습니다. 이 15개 장의 내용을 간략히 요약하면 다음과 같습니다.

①여래진실의공덕장如來眞實義功德章 : 이 경전이 설해지기까지의 인연을 설하고 있습니다. 부모의 친서를 받은 승만부인이 여래 법신의 덕을 찬양하자, 부처님께서는 승만이 여래진실의 공덕을 쌓은 것을 인정하여 장차 보광普光여래가 되어 훌륭한 정토를 건립할 것이라고 예언합니다.

②십대수장十大受章 : 이 예언을 듣고 승만은 보살로서 여인으로서 어떻게 살겠다는 열 가지 맹세의 원을 발합니다.

③삼대원장三大願章 : 승만부인은 다시 삼대원을 발합니다. 정법을 섭수하고, 정법을 설하고, 정법을 지키겠다는 세 가지 원입니다.

④섭수정법장攝受正法章 : 승만경의 핵심으로, 어떻게 정법을 섭수해야 하는지를 밝힙니다. 그 핵심은 중생을 위해 청하지 않아도 벗이 되고〔不請之友 불청지우〕 중생을 애민哀愍하여 세상의 법모法母가 되겠다는 것입니다.

⑤일승장一乘章 : 정법을 수지하는 것이야말로 진실한 대승인 일승一乘을 수지하는 것이라고 설함과 동시에, 일승이야말로 일체중생을 부처가 되게 하는 유일한 가르침임을 강조합니다.

⑥무변성제장無邊聖諦章 : 일승의 내용을 묻고 열고 보여주기 위해 여래의 사성제인 제일의성제第一義聖諦와 이승二乘(성문·연각)의 사성제지四聖諦智를 비교하여 설합니다. 그리고 이승이라도 보살의 길과 부처 되는 길을 걷는 이는 일승에 귀의할 수 있다고 설합니다.

⑦여래장장如來藏章 : 여래장이 무엇인지를 설하고, 그 경계는 이승이 가히 추측할 수도 없는 것이라 말합니다. 동시에 중생 모두가 여래를 간직하고 있고 여래의 공덕을 갈무리하고 있음을 믿음으로써, 스스로가 여래장임을 투철하게 꿰뚫어야 한다는 가르침을 주고 있습니다.

⑧법신장法身章 : 여래장은 감추어져 있고 번뇌의 때에 덮여 있지만 항상 빛을 간직하고 있는데, 그 빛으로 번뇌의 때를 완전히 씻고 깨끗해지면 법신이 나타나게 된다고 설합니다.

⑨공의은부진실장空義隱覆眞實章 : 여래장如來藏에는 공空여래장과 불공不空여래장의 두 가지가 있는데, 이 둘은 공이면서 불공이요, 불공이면서 공임을 일깨우고 있습니다.

⑩일제장一諦章 : 사성제 중 고성제·집성제·도성제를 제외한 멸성제滅聖諦만이 진실한 최후의 깨달음이라고 합니다.

⑪일의장一依章 : 멸성제의 한 가지 진리만이 유일 절대의 진리요 단 한 가지의 의지처〔一依〕라고 합니다.

⑫전도진실장顚倒眞實章 : 범부의 뒤바뀌고 그릇된 견해와 진실한 견해에 대해 설합니다. 멸성제의 진정한 모습인 여래의 법신에는 상常·낙樂·아我·정淨의 사덕四德이 갖추어져 있으며, 법신을 상·낙·아·정이라고 보는 것이 정견正見임을 강조합니다.

⑬자성청정장自性淸淨章 : '생사는 여래장에 의한다'고 밝힌 다음,

일체의 근원인 여래장 안에 우리의 자성청정심自性淸淨心이 비장
秘藏되어 있음을 깨우쳐줍니다.
⑭진자장眞子章 : 참된 부처님 아들딸의 자격이 무엇인지를 이야기
한 다음 여래에 대한 믿음의 중요성을 강조합니다.
⑮승만장勝鬘章 : 이 경을 받아〔受〕지니고〔持〕읽고〔讀〕외워서〔誦〕
꼭 해탈解脫하라고 권유합니다.

이 경전을 번역함에는 436년의 구나발타라가 한역漢譯한『승만
사자후일승대방편방광경』(대정신수대장경 T. 353)을 저본으로 삼았
습니다. 이 경전을 우리나라에 처음으로 가져온 분은 576년(진흥왕
37)에 수나라에서 귀국한 안홍安弘법사입니다. 신라불교의 초기에
전래된『승만경』은 신라에 끼친 영향이 매우 컸습니다. 승만이라
는 주인공의 이름이 신라 선덕여왕 다음 여왕인 진덕여왕(재위:
647~654)의 이름이 되기도 하였고, 원효元曉와 둔륜遁倫 등의 스님
이 이 경에 대한 주석서를 남기기도 하였습니다.

또한 근래에 동국대에 계셨던 이기영 교수님과 목정배 교수님이
자주 강의하여 승만경의 보급에 앞장섰으며『승만경 강의』와『승
만경』을 펴내었는데, 번역할 때 이 두 책을 유용하게 참고하였음을
밝혀 둡니다.

모두가 잘 읽고 잘 새겨서, 스스로가 정법을 수호하는 구도자요
여래를 갈무리하고 있는 여래장임을 깨닫고, 승만부인처럼 자비롭
고 지혜로운 대보살의 길을 걸어가시기를 깊이 축원드립니다.

2019년 12월 초
경주 남산 기슭에서
김현준 합장

승만경 독송 발원문

....

....

....

....

....

....

....

....

....

개경게

가장높고 심히깊은 부처님법문
백천만겁 지나간들 어찌만나리
저희이제 보고듣고 받아지녀서
부처님의 진실한뜻 깨치오리다

開經偈

무상심심미묘법
無上甚深微妙法
백천만겁난조우
百千萬劫難遭遇
아금문견득수지
我今聞見得受持
원해여래진실의
願解如來眞實意

開法藏眞言
개법장진언 옴 아라남 아라다(3번)

南無勝鬘師子吼一乘大方便方廣經
나무승만사자후일승대방편방광경(3번)

제1 여래진실의공덕장
如 來 眞 實 義 功 德 章

여래의 진실한 뜻과 공덕

1) 참사랑 담은 부모의 편지

이와 같이 나는 들었다. 如是我聞
_{여 시 아 문}

어느 때 부처님께서는 사위국의 기수급고독원
에 머물러 계셨다. 一時 佛 住舍衛國 祇樹給孤獨園
_{일 시 불 주 사 위 국 기 수 급 고 독 원}

그때 파사익왕과 말리부인은 불법을 믿기 시
작한 지가 오래되지 않았다.

時 波斯匿王及末利夫人 信法未久
_{시 파 사 익 왕 급 말 리 부 인 신 법 미 구}

두 사람은 함께 대화를 나누었다. 共相謂言
_{공 상 위 언}

"우리의 딸 승만부인은 총명하고

勝鬘夫人　是我之女
승만부인　시아지녀

지혜롭고 근기가 뛰어나며
聰慧利根
총혜이근

밝고 영민하여 쉽게 깨우칩니다.
通敏易悟
통민이오

만약 부처님을 뵙기만 하면
若見佛者
약견불자

불법을 속히 이해하여
必速解法
필속해법

마음의 의심들이 다 풀어질 것입니다.
心得無疑
심득무의

적당한 때에 편지를 보내어서
宜時遣信
의시견신

도의(道意 도를 이루겠다는 마음. 곧 보리심)를 일으키도록 합시다."
發其道意
발기도의

그러자 말리부인이 말하였다.
夫人白言
부인백언

"지금이 바로 그때입니다."
今正是時
금정시시

왕과 부인은 승만에게 보내는 편지에 여래의
무량한 공덕을 간략히 찬탄한 다음

王及夫人　與勝鬘書　略讚如來無量功德
왕급부인　여승만서　약찬여래무량공덕

궁녀 전제라를 파견하였다.
即遣內人　名旃提羅
즉견내인　명전제라

편지를 받들고 아유사국에 도착한 전제라는
궁으로 들어가 왕비인 승만부인께 공손히 서신

을 전하였다. 使人奉書至阿踰闍國 入其宮內 敬授勝鬘
사인봉서지아유사국 입기궁내 경수승만

2) 승만부인의 귀의

승만부인은 편지를 머리 위로 받들어 기쁜 마음으로 받은 다음 읽고 새겼다.

勝鬘得書 歡喜頂受 讀誦受持
승만득서 환희정수 독송수지

그러자 아주 특별한 마음이 샘솟아 전제라를 향해 노래하였다.

生希有心 向旃提羅 而說偈言
생희유심 향전제라 이설게언

내가 지금	부처님의	음성 들으니	我聞佛音聲
이제까지	듣지 못한	가르침이다	世所未曾有
이 편지에	적힌 말씀	진실하다면	所言眞實者
틀림없이	공양함이	마땅하리라	應當修供養
생각건대	부처님인	세존께서는	仰惟佛世尊
이 세간을	위하고자	오신 분이니	普爲世間出
불쌍하게	여기시는	마음 드리워	亦應垂哀愍

부디 제가　친견할 수　있게 하소서　必令我得見 (필령아득견)

이와 같은 생각을 하고 있을 때　即生此念時 (즉생차념시)
부처님이 공중에 나타나시어　佛於空中現 (불어공중현)
청정한 광명을 두루 발하며　普放淨光明 (보방정광명)
비할 데 없는 몸을 보여주셨다.　顯示無比身 (현시무비신)
그러자 승만부인과 그 권속들은　勝鬘及眷屬 (승만급권속)
부처님의 발에 머리 대어 절하고　頭面接足禮 (두면접족례)
청정한 마음으로 모두가 함께　咸以淸淨心 (감이청정심)
부처님의 참 공덕을 찬탄하였다.　歎佛實功德 (탄불실공덕)

3) 여래에 대한 찬탄

"한결같이　오신 여래 (如來)　묘한 색신 (色身)을　如來妙色身 (여래묘색신)
이 세간의　어느 것과　견주오리까　世間無與等 (세간무여등)
비교할 데　전혀 없는　불가사의니　無比不思議 (무비부사의)
저희들이　정성 다해　예경합니다　是故今敬禮 (시고금경례)

부처님의	묘한 색신	다함이 없고	如來色無盡 여 래 색 무 진
부처님의	지혜 또한	다함 없으며	智慧亦復然 지 혜 역 부 연
부처님의	일체법이	상주하기에	一切法常住 일 체 법 상 주
저희 이제	이 모두에	귀의합니다	是故我歸依 시 고 아 귀 의

마음속의	허물과악	항복을 받고	降伏心過惡 항 복 심 과 악
몸에 딸린	생로병사	항복을 받아	及與身四種 급 여 신 사 종
도달하기	힘든 자리	이르렀기에	已到難伏地 이 도 난 복 지
법의 왕께	정성 다해	예경합니다	是故禮法王 시 고 예 법 왕

알아야 할	일체 경계	모두 다 알고	知一切爾焰 지 일 체 이 염
지혜의 몸	걸림 없이	자재하시며	智慧身自在 지 혜 신 자 재
일체법을	다 거두고	지니셨기에	攝持一切法 섭 지 일 체 법
저희들이	정성 다해	예경합니다	是故今敬禮 시 고 금 경 례

측량할 수	없는 분께	예경합니다	敬禮過稱量 경 례 과 칭 량
비유할 데	없는 분께	예경합니다	敬禮無譬類 경 례 무 비 류

가없는 법　지닌 분께　예경합니다　敬禮無邊法 (경례무변법)
불가사의　하신 분께　예경합니다　敬禮難思議 (경례난사의)

불쌍하게　여기시어　감싸주시고　哀愍覆護我 (애민부호아)
제게 있는　법의 종자　길러주시어　令法種增長 (영법종증장)
현생 내생　그 다음 생　어느 때에나　此世及後生 (차세급후생)
여래시여　항상 저를　섭수(攝受)하소서"　願佛常攝受 (원불상섭수)

"나는 너를　옛날부터　편안케 했고　我久安立汝 (아구안립여)
이전 생에　각(覺)을 이미　열어주었다　前世已開覺 (전세이개각)
나는 지금　너를 다시　섭수(攝受)를 하고　今復攝受汝 (금복섭수여)
미래 생도　그와 같이　할 것이니라"　未來生亦然 (미래생역연)

"지난 세상　제가 공덕　지어 왔듯이　我已作功德 (아이작공덕)
현생에도　내생에도　게으름 없이　現在及餘世 (현재급여세)
이들 모든　선의 근본　심겠나이다　如是衆善本 (여시중선본)
여래시여　부디 이를　섭수하소서"　唯願見攝受 (유원견섭수)

4) 승만의 성불을 수기하다

그때 승만과 그의 권속들이 부처님의 발에 머리를 대고 절을 하자 이시 승만급제권속 두면예불 爾時 勝鬘及諸眷屬 頭面禮佛 대중 속에 계시던 부처님께서 수기를 주셨다. 불어중중 즉위수기 佛於衆中 即爲授記

"네가 여래의 진실한 공덕을 찬탄한 이 선근으로 여탄여래진실공덕 이차선근 汝歎如來眞實功德 以此善根 미래의 한량없는 아승지겁 동안 당어무량아승지겁 當於無量阿僧祇劫 하늘과 인간 세상을 다스리는 자재한 왕이 되어 천인지중 위자재왕 天人之中 爲自在王 태어나는 곳마다 항상 나를 보되 일체생처 상득견아 一切生處 常得見我 내 앞에서 찬탄함이 지금과 다름이 없을 것이니라. 현전찬탄 여금무이 現前讚歎 如今無異

마땅히 무량아승지불 無量阿僧祇佛 (한량없이 많은 부처님)을 공양하고 당부공양무량아승지불 當復供養無量阿僧祇佛

2만 아승지겁(阿僧祇劫)(헤아릴 수 없는 오랜 세월)을 지나면 부처가 되리니

과 이 만 아 승 지 겁　당 득 작 불
過二萬阿僧祇劫　當得作佛

이름이 보광여래(普光如來)·응공(應供)·정변지(正遍知)이니라.

호 보 광 여 래 응 정 변 지
號普光如來應正遍知

보광여래의 불국토에는 삼악도 등의 악취(惡趣)가 없고

피 불 국 토　무 제 악 취
彼佛國土　無諸惡趣

늙음·병듦·쇠락함·번뇌·부적의(不適意)(뜻에 맞지 않고 뜻대로 되지 않음) 등의 괴로움이 없으며

노 병 쇠 뇌 부 적 의 고
老病衰惱不適意苦

불선(不善)이나 악업도(惡業道)라는 이름조차 들을 수 없느니라.

역 무 불 선 악 업 도 명
亦無不善惡業道名

그 불국토 중생은 모습〔色〕·기력〔力〕·수명(壽命)·오욕락〔五欲〕·소유물〔衆具〕이

피 국 중 생　색 력 수 명 오 욕 중 구
彼國衆生　色力壽命五欲衆具

모두 쾌락하여 타화자재천(他化自在天)(욕계의 6천 중 가장 높은 하늘)의 것들보다 더 훌륭하며

개 실 쾌 락　승 어 타 화 자 재 제 천
皆悉快樂　勝於他化自在諸天

그 불국토 중생은 대승 하나만으로 순수하게 선근들을 닦아 익히나니

피 제 중 생　순 일 대 승　제 유 수 습 선 근
彼諸衆生　純一大乘　諸有修習善根

이러한 중생들이 그곳에 모여 사느니라."

衆生皆集於彼
중생개집어피

승만부인이 수기를 받을 때
勝鬘夫人 得受記時
승만부인 득수기시

한량없는 중생과 천인과 인간들이 그 불국토
에 나기를 발원하였고
無量衆生 諸天及人 願生彼國
무량중생 제천급인 원생피국

세존은 그들에게도 수기를 주셨다.
世尊悉記
세존실기

"모두가 마땅히 왕생하리라."
皆當往生
개당왕생

제2 십대수장 十大受章

열 가지 서원의 계를 받음

1) 열 가지 큰 서원

그때 승만부인이 부처님의 수기하심을 듣고 공손히 서서 열 가지 큰 계(十大受)를 받았다.

爾時 勝鬘聞受記已 恭敬而立 受十大受
이시 승만문수기이 공경이립 수십대수

(이 장에서는 스스로가 열 가지 서원을 하여 계를 지님을 나타내고 있다. 계는 스스로의 의지에
의해 받는 것인데, 승만부인과 같이 스스로 서원을 하고 받는 계를 '자수서계自受誓戒'라 한다.)

"① 세존이시여, 저는 오늘부터 보리菩提를 얻는 그 날까지

世尊 我從今日 乃至菩提
세존 아종금일 내지보리

스스로가 받은 계에 대해 범하고자 하는 마음

〔犯心범심〕을 일으키지 않겠나이다.　於所受戒 不起犯心^{어 소 수 계 불 기 범 심}

② 세존이시여, 저는 오늘부터 보리를 얻는 그 날까지
世尊 我從今日 乃至菩提^{세 존 아 종 금 일 내 지 보 리}
존장(尊長^{존 장}나이가 많고 덕이 있는 분)들에 대해 교만한 마음〔慢心만심〕을 일으키지 않겠나이다.
於諸尊長 不起慢心^{어 제 존 장 불 기 만 심}

③ 세존이시여, 저는 오늘부터 보리를 얻는 그 날까지
世尊 我從今日 乃至菩提^{세 존 아 종 금 일 내 지 보 리}
중생들에게 화내는 마음〔恚心에심〕을 일으키지 않겠나이다.
於諸衆生 不起恚心^{어 제 중 생 불 기 에 심}

④ 세존이시여, 저는 오늘부터 보리를 얻는 그 날까지
世尊 我從今日 乃至菩提^{세 존 아 종 금 일 내 지 보 리}
남의 외모나 남의 소유물에 대해 질투하는 마음〔疾心질심〕을 일으키지 않겠나이다.
於他身色 及外衆具 不起疾心^{어 타 신 색 급 외 중 구 불 기 질 심}

⑤세존이시여, 저는 오늘부터 보리를 얻는 그 날까지

世尊 我從今日 乃至菩提
세존 아종금일 내지보리

안과 밖의 소유물(內外法)에 대해 인색한 마음(慳心)을 일으키지 않겠나이다.

於內外法 不起慳心
어내외법 불기간심

⑥세존이시여, 저는 오늘부터 보리를 얻는 그 날까지

世尊 我從今日 乃至菩提
세존 아종금일 내지보리

저를 위해 재물을 받거나 모으지 않을 것이며

不自爲己受畜財物
부자위기수축재물

받는 것이 있게 되면 모두 가난하고 고통 받는 중생을 성숙시키는 데에 쓰겠나이다.

凡有所受 悉爲成熟貧苦衆生
범유소수 실위성숙빈고중생

⑦세존이시여, 저는 오늘부터 보리를 얻는 그 날까지

世尊 我從今日 乃至菩提
세존 아종금일 내지보리

저를 위해서가 아니라 일체 중생을 위해 사섭

四攝
사섭

법(法)(중생을 섭수하는 네 가지 방법. ① 잘 베푸는 보시布施 ② 살리는 말을 하는 애어愛語 ③ 이롭게 하는 행동인 이행利行 ④ 함께 살면서 깨달음을 주는 동사섭同事攝)을

행하되

부자위기행사섭법위일체중생고
不自爲己行四攝法爲一切衆生故

애욕에 물들지 않는 마음〔不愛染心〕, 싫증냄이 없는 마음〔無厭足心〕, 걸림 없는 편안한 마음〔無罣礙心〕으로 중생을 섭수(중생을 거두어 들여서 잘 교화함)하겠나이다.

이불애염심 무염족심 무가애심 섭수중생
以不愛染心 無厭足心 無罣礙心 攝受衆生

⑧세존이시여, 저는 오늘부터 보리를 얻는 그날까지

세존 아종금일 내지보리
世尊 我從今日 乃至菩提

고독하거나〔孤獨〕 옥에 갇혔거나〔幽繫〕 병들었거나〔疾病〕 갖가지 재앙과 곤란과 괴로움을 겪는 중생을 보면

약견고독 유계질병 종종액난곤고중생
若見孤獨 幽繫疾病 種種厄難困苦衆生

끝까지 잠시도 버리지 않고 반드시 그들을 안온하게 하되

종부잠사 필욕안온
終不暫捨 必欲安隱

이익되는 길을 일러주고 갖가지 고통에서 벗어나게 한 연후에 그들을 내려놓겠나이다.

이의요익 영탈중고 연후내사
以義饒益 令脫衆苦 然後乃捨

⑨세존이시여, 저는 오늘부터 보리를 얻는 그 날까지

세존 아종금일 내지보리
世尊 我從今日 乃至菩提

사냥을 하거나 가축을 잡는 등의 나쁜 일을 하여 계를 범하는 이들을 보면 끝까지 포기하지 않겠나이다.

약견포양 중악율의 급제범계 종불기사
若見捕養 衆惡律儀 及諸犯戒 終不棄捨

제가 힘을 얻었을 때 어디서든지 그러한 중생을 보게 되면

아득력시 어피피처 견차중생
我得力時 於彼彼處 見此衆生

마땅히 절복(折伏: 꺾어서 항복받음)해야 할 이는 절복하고

응절복자 이절복지
應折伏者 而折伏之

마땅히 섭수해야 할 이는 섭수하겠나이다.

응섭수자 이섭수지
應攝受者 而攝受之

왜냐하면 절복하고 섭수를 하여야 법이 오래 머물 수 있게 되고

하이고 이절복섭수고 영법구주
何以故 以折伏攝受故 令法久住

법이 오래 머물면 천인과 인간이 충만하고 악도가 줄어들게 되며

법구주자 천인충만 악도감소
法久住者 天人充滿 惡道減少

능히 여래께서 굴리신 법륜이 잘 구를 수 있기 때문입니다.

능어여래소전법륜 이득수전
能於如來所轉法輪 而得隨轉

이와 같은 이익을 보기 때문에 구제하고 섭수하는 일을 포기하지 못하옵니다.

견시리고 구섭불사
見是利故 救攝不捨

⑩ 세존이시여, 저는 오늘부터 보리를 얻는 그 날까지

세존 아종금일 내지보리
世尊 我從今日 乃至菩提

정법을 섭수하여〔攝受正法〕을 끝내 잊지 않겠나이다.

섭수정법 종불망실
攝受正法 終不忘失

왜냐하면 정법을 잊어버리면 대승을 잊게 되고

하이고 망실법자 즉망대승
何以故 忘失法者 則忘大乘

대승을 잊으면 바라밀을 잊게 되며

망대승자 즉망바라밀
忘大乘者 則忘波羅蜜

바라밀을 잊으면 대승에 대한 의욕이 없어지기 때문입니다.

망바라밀자 즉불욕대승
忘波羅蜜者 則不欲大乘

만약 보살이 대승에 대한 확신이 없으면 정법을 섭수하겠다는 의욕을 갖지 못하게 되고

약보살 불결정대승자 즉불능득섭수정법욕
若菩薩 不決定大乘者 則不能得攝受正法欲

그 즐거움을 좇아 들어갈 수 없으므로 영원히
범부의 지위를 넘어서지 못합니다.

수소낙입 영불감임월범부지
隨所樂入 永不堪任越凡夫地

저는 이와 같은 한량없이 큰 허물을 이미 보
았고

아견여시무량대과
我見如是無量大過

정법을 섭수하는 미래의 보살마하살이 얻게
될 한량없는 복덕과 이익을 보았기에

우견미래섭수정법 보살마하살 무량복리고
又見未來攝受正法 菩薩摩訶薩 無量福利故

이 큰 서원의 계를 스스로 받는 것이옵니다.

수차대수
受此大受

2) 십대서원 성취에 대한 증명

법주이신 세존이시여

법주세존
法主世尊

저를 위해 증명하여 주옵소서.

현위아증
現爲我證

오직 부처이신 세존만이 여기에서 증명하실
수 있으며

유불세존 현전증지
唯佛世尊 現前證知

선근이 작고 박한 중생들이 의심의 그물[疑網]

을 펼치면

십대수(十大受 열 가지 큰 서원의 계)를 성취하기가 지극히 어렵기 때문이며

이 제 중 생 선 근 미 박 혹 기 의 망
而諸衆生善根微薄 或起疑網

이 십 대 수 극 난 도 고
以十大受 極難度故

저 중생들이 긴긴 생사의 밤 동안 풍요와 이익과 안락을 얻지 못할까 두렵나이다.

피 혹 장 야 비 의 요 익 부 득 안 락
彼或長夜 非義饒益 不得安樂

저들을 안락하게 하기 위해 지금 부처님 앞에서 성실한 서원을 말씀드린 것이며

위 안 피 고 금 어 불 전 설 성 실 서
爲安彼故 今於佛前 說誠實誓

저는 이 십대수를 말한 대로 행할 것이옵니다.

아 수 차 십 대 수 여 설 행 자
我受此十大受 如說行者

이 맹세대로 행한다면 대중들이 있는 이곳에 하늘 꽃비가 내리고 미묘한 하늘 음성이 들릴 것이옵니다."

이 차 서 고 어 대 중 중 당 우 천 화 출 천 묘 음
以此誓故 於大衆中 當雨天花 出天妙音

이 말과 동시에 허공에서 하늘꽃이 비오듯이 내렸고 아름다운 음성이 들려왔다.

설시어시 어허공중 우중천화 출묘성언
說是語時 於虛空中 雨衆天花 出妙聲言

"그와 같고 그와 같도다. 그대가 말한 바와 같도다. 틀림없는 진실이로다."

여시여시 여여소설 진실무이
如是如是 如汝所說 眞實無異

이 묘한 꽃을 보고 음성을 들은 일체 대중은 의혹이 모두 제거되어 한량없이 기뻐하고 춤을 추며 발원하였다.

피견묘화급문음성 일체중회 의혹실제 희용무량 이발원언
彼見妙花及聞音聲 一切衆會 疑惑悉除 喜踊無量 而發願言

"언제나 승만과 함께 있고 항상 서로 만나 함께 수행하겠나이다."

항여승만 상공구회 동기소행
恒與勝鬘 常共俱會 同其所行

그때 세존께서는 일체 대중에게 수기를 주셨다.

세존실기일체대중
世尊悉記一切大衆

"너희가 원하는 대로 될 것이니라."

여기소원
如其所願

제3 삼대원장 ^{三大願章}

삼대서원

그때 승만부인이 부처님 앞에서 다시 삼대원^{三大願}을 발하였다. 爾時 勝鬘 復於佛前 發三大願而作是言 ^{이시 승만 부어불전 발삼대원이작시언}

"①이 진실한 원으로 한량없는 중생을 편안하게 하고 以此實願 安隱無量無邊衆生 ^{이차실원 안온무량무변중생}

이 선근으로 어느 생에서나 정법의 지혜를 얻겠나이다. 以此善根 於一切生得正法智 ^{이차선근 어일체생득정법지}

이것이 첫 번째 큰 서원이옵니다. 是名第一大願 ^{시명제일대원}

②제가 정법의 지혜를 얻고 난 다음에는 싫어하는 마음 없이 중생을 위해 정법을 설하겠나이다.

아 득 정 법 지 이　이 무 염 심　위 중 생 설
我得正法智已 以無厭心 爲衆生說

이것이 두 번째 큰 서원이옵니다.

시 명 제 이 대 원
是名第二大願

③제가 정법을 섭수할 때는 몸[身]과 목숨[命]과 재물[財]을 다 버려서라도 정법을 호지(지키고 보호함)하겠나이다.

아 어 섭 수 정 법　사 신 명 재　호 지 정 법
我於攝受正法 捨身命財 護持正法

이것이 세 번째 큰 서원이옵니다."

시 명 제 삼 대 원
是名第三大願

그때 세존께서 승만에게 수기를 하셨다.

이 시　세 존 즉 기 승 만
爾時 世尊即記勝鬘

"삼대서원은

삼 대 서 원
三大誓願

마치 일체의 색(물질)이 허공계 속에 다 들어 있는 것과 같나니

여 일 체 색 실 입 공 계
如一切色悉入空界

항하사(갠지스강의 모래알)처럼 많은 보살의 서원이

여 시 보 살 항 사 제 원
如是菩薩恒沙諸願

이 삼대서원 속에 모두 들어 있으며

_{개실입차삼대원중}
皆悉入此三大願中

이 삼대서원은 진실하고 광대한 것이니라."

_{차삼원자 진실광대}
此三願者 眞實廣大

제4 섭수정법장
攝受正法章

정법을 섭수하라

1) 하나의 큰 원願인 섭수정법

그때 승만부인이 부처님께 아뢰었다.

이시 승만백불언
爾時 勝鬘白佛言

"제가 이제 다시 부처님의 위신력을 받들어 조복(스스로를 억제하고 거역하는 이를 교화함)의 큰 원(삼대 서원)이 진실하여 틀림이 없다는 것을 아뢰겠나이다."

아금당부 승불위신 설조복대원 진실무이
我今當復 承佛威神 說調伏大願 眞實無異

부처님께서 승만에게 이르셨다.
"네 말을 들어 보자꾸나."

불고승만
佛告勝鬘

자청여설
恣聽汝說

승만부인이 부처님께 아뢰었다. 勝鬘白佛言

"보살의 항하사와 같은 원들은

菩薩所有 恒沙諸願

모두 하나의 큰 원〔一大願〕 속으로 들어가오니

一切皆入一大願中

이른바 섭수정법이며 所謂攝受正法

섭수정법이야말로 진실로 큰 서원이옵니다."

攝受正法 眞爲大願

※(**섭수정법** : 이 섭수정법은 불교의 고유 용어요 승만경에서 가장 많이 나오는 단어이므로)
   여기서부터는 '정법을 섭수함'으로 번역하지 않고, '섭수정법'이라는 한 단어로 표기함

부처님께서 승만을 칭찬하셨다. 佛讚勝鬘

"착하고 훌륭하도다. 善哉善哉

지혜와 방편이 매우 깊고 미묘하니

智慧方便 甚深微妙

네가 긴긴 생사의 밤을 지나면서 汝已長夜

갖가지 선본(선근)을 심었기 때문이니라. 殖諸善本

미래의 중생들도 오랫동안 선근을 심은 이들

은 네가 말하는 바를 잘 이해할 수 있느니라.

<ruby>來世衆生<rt>내세중생</rt></ruby> <ruby>久種善根者<rt>구종선근자</rt></ruby> <ruby>乃能解汝所說<rt>내능해여소설</rt></ruby>

네가 말하는 섭수정법은

<ruby>汝之所說攝受正法者<rt>여지소설섭수정법자</rt></ruby>

과거 미래 현재의 부처님들께서 이미 설하였고 지금도 설하고 있고 앞으로도 설할 것이며

<ruby>皆是過去未來現在諸佛<rt>개시과거미래현재제불</rt></ruby> <ruby>已說今說當說<rt>이설금설당설</rt></ruby>

내가 지금 무상보리(무상정각無上正覺 위없는 바른 깨달음)를 얻어 항상 설하고 있는 것 또한 이 섭수정법이니라.

<ruby>我今得無上菩提<rt>아금득무상보리</rt></ruby> <ruby>亦常說此攝受正法<rt>역상설차섭수정법</rt></ruby>

이와 같이 내가 설하는 섭수정법의 공덕이 끝이 없기에

<ruby>如是<rt>여시</rt></ruby> <ruby>我說攝受正法所有功德<rt>아설섭수정법소유공덕</rt></ruby> <ruby>不得邊際<rt>부득변제</rt></ruby>

여래의 지혜와 변재 또한 끝이 없느니라.

<ruby>如來智慧辯才<rt>여래지혜변재</rt></ruby> <ruby>亦無邊際<rt>역무변제</rt></ruby>

왜냐하면 이 섭수정법에 큰 공덕이 갖추어져 있고 큰 이익이 있기 때문이니라."

<ruby>何以故<rt>하이고</rt></ruby> <ruby>是攝受正法<rt>시섭수정법</rt></ruby> <ruby>有大功德<rt>유대공덕</rt></ruby> <ruby>有大利益<rt>유대이익</rt></ruby>

2) 섭수정법의 광대함

승만부인이 부처님께 아뢰었다. 勝鬘白佛言

"제가 부처님의 위신력을 이어받아 다시 섭수정법의 넓고 큰 뜻에 대해 말씀드리겠나이다."

我當承佛神力 更復演說攝受正法 廣大之義

"말해 보아라." 佛言 便說

승만부인이 부처님께 아뢰었다. 勝鬘白佛言

"섭수정법의 넓고 큰 뜻은 한량이 없어

攝受正法 廣大之義者 則是無量

일체 불법을 다 얻고 8만 4천 법문을 다 거두어 들이옵니다. 得一切佛法 攝八萬四千法門

마치 겁(劫 새로운 때 새로운 세상)이 처음 생길 때 큰 구름이 일고 갖가지 빛깔의 비와 갖가지 보배가 내리듯이

譬如劫初成時 普興大雲 雨眾色雨及種種寶

섭수정법도 무량한 복의 과보와 무량한 선근의 비를 내리게 하옵니다.

여시 섭수정법 우무량복보급무량선근지우
如是 攝受正法 雨無量福報及無量善根之雨

세존이시여.

또 겁이 처음 생길 때 아주 큰 물덩어리〔大水聚〕
에서

우여겁초성시 유대수취
又如劫初成時 有大水聚

삼천대천의 계(부처님 한 분의 교화 영역인 삼천의 큰 세계가 각각
일정한 간격을 가지고 떨어져 있으므로 계界라 함)와 장
(중생과 만물을 갈무리하
고 있으므로 장藏이라 함)과 사백 억의 크고 작은 땅〔洲〕들

이 생겨나듯이

출생삼천대천계장 급사백억종종류주
出生三千大千界藏 及四百億種種類洲

섭수정법에서 대승의 무량계장(한량없는 세계와
그 속의 모든 법)이 출
생하옵니다.

여시 섭수정법 출생대승무량계장
如是 攝受正法 出生大乘無量界藏

곧 일체 보살의 신통력

일체보살 신통지력
一切菩薩 神通之力

일체 세간의 안온함과 쾌락

일체세간 안온쾌락
一切世間 安隱快樂

일체 세간의 여의자재(뜻과 같이
자재함)와 출세간의 안락

일체세간 여의자재 급출세간안락
一切世間 如意自在 及出世間安樂

겁의 이루어짐과 천인·인간이 본래 갖지 못했
던 것들이

겁성내지 천인본소미득
劫成乃至 天人本所未得

모두 섭수정법에서 나오나이다.

개어중출
皆於中出

3) 보살의 네 가지 임무

또 섭수정법은 대지(大地)가 네 가지 무거운 짐을 지고 있는 것과 같사옵니다. 又如大地持四重擔

네 가지가 무엇인가? 何等爲四

첫째는 큰 바다요 一者大海

둘째는 모든 산이요 二者諸山

셋째는 초목이요 三者草木

넷째는 중생입니다. 四者衆生

이와 같이 섭수정법하는 선남자선여인(보살)이 그들의 대지를 건립하여 저 대지와 같이 네 가지 무거운 임무를 능히 걸머집니다. 如是 攝受

正法 善男子善女人 建立大地 堪能荷負四種重任 喻彼大地

네 가지가 무엇인가? 何等爲四

① 선지식이 멀리 있어 정법을 들을 수 없는 중생(非法衆生)에게는 인간과 천인의 선근(善根)으로 성숙시키고 離善知識 無聞非法衆生 以人天善根 而成熟之

② 성문(聲聞)(부처님의 설법을 듣고 사성제의 이치를 깨달아 아라한이 되는 소승의 불자들)을 구하는 이에게

는 성문승(성문이 타는 수레. 곧 사성제법)을 주고 　　구 성 문 자　수 성 문 승
　　　　　　　　　　　　　　　　　　　　　　　求聲聞者 授聲聞乘

③ 연각(부처님의 가르침에 의지하지 않고 홀로 인연의 이치를 깨닫는 소승의 성자)을 구하는 이에게는

연각승(연각이 타는 수레. 곧 인연법)을 주고　　구 연 각 자　수 연 각 승
　　　　　　　　　　　　　　　　　　　　　求緣覺者 授緣覺乘

④ 대승(모든 중생을 제도하고자 하는 보살을 많은 이들이 함께 타고 가는 큰 수레에 비유하여 대승이라 칭함)을 구하는 이

에게는 대승을 주는 것입니다.　구 대 승 자　수 이 대 승
　　　　　　　　　　　　　　　　求大乘者 授以大乘

이를 일컬어 섭수정법하는 선남자선여인이 그

들의 대지를 건립하여 능히 걸머지는 네 가지

무거운 임무라 하옵니다.

시 명　섭 수 정 법　선 남 자 선 여 인　건 립 대 지　감 능 하 부　하 종 중 임
是名 攝受正法 善男子善女人 建立大地 堪能荷負 四種重任

세존이시여　　　　　　　　　　　　　　　　　　세 존
　　　　　　　　　　　　　　　　　　　　　　世尊

이와 같이 섭수정법하는 선남자선여인은

　　　　　　　　　　　　여 시　섭 수 정 법　선 남 자 선 여 인
　　　　　　　　　　　　如是 攝受正法 善男子善女人

그들의 대지를 건립하여 네 가지 무거운 임무

를 능히 걸머지고　　　건 립 대 지　감 능 하 부　사 종 중 임
　　　　　　　　　　　建立大地 堪能荷負 四種重任

청하지 않아도 널리 중생을 위한 벗이 되어

　　　　　　　　　　　보 위 중 생 작 불 청 지 우
　　　　　　　　　　　普爲衆生作不請之友

대비로써 중생을 편안하게 위로하고 불쌍히

여기는 세상의 법모^{法母}가 되옵니다.

대비안위 애민중생 위세법모
大悲安慰 哀愍衆生 爲世法母

4) 보살의 네 가지 보장寶藏

또 저 대지에 네 가지 보장寶藏(보물창고)이 있는 것과 같나이다.

우여대지 유사종보장
又如大地 有四種寶藏

네 가지가 무엇인가?

하등위사
何等爲四

첫째는 값을 매길 수 없는 보장이요

일자무가
一者無價

둘째는 높은 가치의 보장이요

이자상가
二者上價

셋째는 중간 가치의 보장이요

삼자중가
三者中價

넷째는 낮은 가치의 보장입니다.

사자하가
四者下價

이를 일컬어 대지의 네 가지 보장이라 하옵니다.

시명 대지사종보장
是名 大地四種寶藏

이와 같이 섭수정법하는 선남자선여인은

여시 섭수정법 선남자선여인
如是 攝受正法 善男子善女人

그들의 대지를 건립하여 네 가지 최상대보^{最上大寶}의 중생을 얻나이다.

건립대지 득중생사종최상대보
建立大地 得衆生四種最上大寶

네 가지가 무엇인가? 何等爲四

섭수정법하는 선남자선여인은

攝受正法 善男子善女人

① 정법을 들을 수 없는 중생[非法衆生]에게는 인간과 천인의 공덕과 선근을 주고

無聞非法衆生 以人天功德善根 而授與之

② 성문을 구하는 이에게는 성문승을 주고

求聲聞者 授聲聞乘

③ 연각을 구하는 이에게는 연각승을 주고

求緣覺者 授緣覺乘

④ 대승을 구하는 이에게는 대승을 주는 것이옵니다.

求大乘者 授以大乘

이와 같은 대보(大寶)의 중생을 얻게 되는 것은

如是 得大寶衆生

모두 섭수정법한 선남자선여인이 기특하고 아주 드문 공덕을 얻은 데서 기인하오니

皆由攝受正法 善男子善女人 得此奇特希有功德

세존이시여

^{세 존}
世尊

대보장(^{매우 큰}
보물창고)은 곧 섭수정법이옵니다.

^{대 보 장 자   즉 시 섭 수 정 법}
大寶藏者 卽是攝受正法

5) 섭수정법과 육바라밀

세존이시여

^{세 존}
世尊

섭수정법에 있어

^{섭 수 정 법}
攝受正法

정법을 섭수하는 것〔攝受正法者〕은 정법과 다름
이 없고 섭수정법과도 다름이 없으니

^{섭 수 정 법 자   무 이 정 법   무 이 섭 수 정 법}
攝受正法者 無異正法 無異攝受正法

정법이 곧 섭수정법이옵니다.　^{정 법 즉 시 섭 수 정 법}
正法卽是攝受正法

세존이시여

^{세 존}
世尊

바라밀과 다름이 없고 섭수정법과 다름이 없
으니

^{무 이 바 라 밀   무 이 섭 수 정 법}
無異波羅蜜 無異攝受正法

섭수정법이 곧 바라밀이옵니다.

^{섭 수 정 법   즉 시 바 라 밀}
攝受正法 卽是波羅蜜

왜냐하면 섭수정법하는 선남자선여인은

何以故 攝受正法 善男子 善女人

① 마땅히 보시(施)로써 성숙시켜야 할 이에게
는 보시로써 성숙시키되   應以施成熟者 以施成熟
신체의 각 부분을 버려가면서까지   乃至捨身支節
그들의 마음을 보호하고 성숙시켜주면

將護彼意 而成熟之

그렇게 성숙해진 중생은 정법을 잘 건립하오
니   彼所成熟衆生 建立正法
이를 단바라밀(檀波羅蜜)(보시 바라밀)이라고 이름합니다.

是名檀波羅蜜

② 마땅히 계로써 성숙시켜야 할 이에게는

應以戒成熟者

육근(六根)을 잘 막고 지키게 하여   守護六根
생각과 말과 행동을 맑게 하고   淨身口意業
네 가지 몸가짐(四威儀)(행주좌와. 걷고 서고 앉고 누움)을 바르게 하여

乃至正四威儀

그들의 마음을 보호하고 성숙시켜주면

장호피의 이성숙지
將護彼意 而成熟之

그렇게 성숙해진 중생은 정법을 잘 건립하오
니

피소성숙중생 건립정법
彼所成熟衆生 建立正法

이를 시바라밀(지계 바라밀)이라고 이름합니다.

尸波羅蜜

시명시바라밀
是名尸波羅蜜

③마땅히 인욕(忍)으로써 성숙시켜야 할 이에
게는

응이인성숙자
應以忍成熟者

만약 그 중생이 욕설을 퍼붓고 비방하고 공포
를 줄지라도

약피중생 매리훼욕 비방공포
若彼衆生 罵詈毀辱 誹謗恐怖

화를 냄이 없이 이익을 주겠다는 마음을 내어

이무에심 요익심
以無恚心 饒益心

으뜸가는 인내력으로 안색의 변화 없이

제일인력 내지 안색무변
第一忍力 乃至 顏色無變

그들의 마음을 지켜주고 성숙시켜주면

장호피의 이성숙지
將護彼意 而成熟之

그렇게 성숙해진 중생은 정법을 잘 건립하게
되오니
　　　　　　　　피 소 성 숙 중 생　건 립 정 법
　　　　　　　　彼所成熟衆生　建立正法

　　　　繫 提 波 羅 蜜
이를 찬제바라밀(인욕\
바라밀)이라고 이름합니다.

　　　　　　　　　시 명 찬 제 바 라 밀
　　　　　　　　是名繫提波羅蜜

④마땅히 정진으로써 성숙시켜야 할 이에게는
　　　　　　　응 이 정 진 성 숙 자
　　　　　　　應以精進成熟者

그 중생에 대해 해이한 마음을 일으키지 않고
　　　　　　　어 피 중 생　불 기 해 심
　　　　　　　於彼衆生　不起懈心

큰 욕심(분발심)을 내어 제일 가는 정진과 사위의
로써
　　　　　생 대 욕 심　제 일 정 진　내 지 약 사 위 의
　　　　　生大欲心　第一精進　乃至若四威儀

그들의 마음을 지켜주고 성숙시켜주면
　　　　　　　장 호 피 의　이 성 숙 지
　　　　　　　將護彼意　而成熟之

그렇게 성숙해진 중생은 정법을 잘 건립하게
되오니
　　　　　　　　피 소 성 숙 중 생　건 립 정 법
　　　　　　　　彼所成熟衆生　建立正法

　　　　毘 梨 耶 波 羅 蜜
이를 비리야바라밀(정진\
바라밀)이라고 이름합니다.

　　　　　　　　시 명 비 리 야 바 라 밀
　　　　　　　　是名毘梨耶波羅蜜

⑤마땅히 선으로써 성숙시켜야 할 이에게는

응 이 선 성 숙 자
應以禪成熟者

그 중생에 대해

어 피 중 생
於彼衆生

산란하지 않는 마음과

이 불 란 심
以不亂心

바깥으로 향하지 않는 마음과

불 외 향 심
不外向心

제일 가는 정념(바른 집중)으로써

제 일 정 념
第一正念

오랫동안 한 일과 오랫동안 말한 것을 끝내
잊지 않게 하여

내 지 구 시 소 작 구 시 소 설 종 불 망 실
乃至 久時所作 久時所說 終不忘失

그들의 마음을 지켜주고 성숙시켜주면

장 호 피 의 이 성 숙 지
將護彼意 而成熟之

그렇게 성숙해진 중생은 정법을 잘 건립하게
되오니

피 소 성 숙 중 생 건 립 정 법
彼所成熟衆生 建立正法

이를 선바라밀(선정 바라밀)이라고 이름합니다.

시 명 선 바 라 밀
是名禪波羅蜜

⑥마땅히 지혜로써 성숙시켜야 할 이에게는

응 이 지 혜 성 숙 자
應以智慧成熟者

그 중생들이 어떠한 뜻을 물어오더라도 두려

움 없는 마음으로

<ruby>彼<rt>피</rt></ruby><ruby>諸<rt>제</rt></ruby><ruby>衆<rt>중</rt></ruby><ruby>生<rt>생</rt></ruby> <ruby>問<rt>문</rt></ruby><ruby>一<rt>일</rt></ruby><ruby>切<rt>체</rt></ruby><ruby>義<rt>의</rt></ruby> <ruby>以<rt>이</rt></ruby><ruby>無<rt>무</rt></ruby><ruby>畏<rt>외</rt></ruby><ruby>心<rt>심</rt></ruby>

일체의 논(論)과 일체의 기술과 궁극적인 이치를
다 밝혀주고

<ruby>而<rt>이</rt></ruby><ruby>爲<rt>위</rt></ruby><ruby>演<rt>연</rt></ruby><ruby>說<rt>설</rt></ruby> <ruby>一<rt>일</rt></ruby><ruby>切<rt>체</rt></ruby><ruby>論<rt>론</rt></ruby> <ruby>一<rt>일</rt></ruby><ruby>切<rt>체</rt></ruby><ruby>工<rt>공</rt></ruby><ruby>巧<rt>교</rt></ruby> <ruby>究<rt>구</rt></ruby><ruby>竟<rt>경</rt></ruby><ruby>明<rt>명</rt></ruby><ruby>處<rt>처</rt></ruby>

갖가지 기술적인 일들까지 설명해주어

<ruby>乃<rt>내</rt></ruby><ruby>至<rt>지</rt></ruby> <ruby>種<rt>종</rt></ruby><ruby>種<rt>종</rt></ruby><ruby>工<rt>공</rt></ruby><ruby>巧<rt>교</rt></ruby><ruby>諸<rt>제</rt></ruby><ruby>事<rt>사</rt></ruby>

그들의 마음을 지켜주고 성숙시켜주면

<ruby>將<rt>장</rt></ruby><ruby>護<rt>호</rt></ruby><ruby>彼<rt>피</rt></ruby><ruby>意<rt>의</rt></ruby> <ruby>而<rt>이</rt></ruby><ruby>成<rt>성</rt></ruby><ruby>熟<rt>숙</rt></ruby><ruby>之<rt>지</rt></ruby>

그렇게 성숙해진 중생은 정법을 잘 건립하게
되오니

<ruby>彼<rt>피</rt></ruby><ruby>所<rt>소</rt></ruby><ruby>成<rt>성</rt></ruby><ruby>熟<rt>숙</rt></ruby><ruby>衆<rt>중</rt></ruby><ruby>生<rt>생</rt></ruby> <ruby>建<rt>건</rt></ruby><ruby>立<rt>립</rt></ruby><ruby>正<rt>정</rt></ruby><ruby>法<rt>법</rt></ruby>

이를 반야바라밀이라고 이름합니다.

<ruby>是<rt>시</rt></ruby><ruby>名<rt>명</rt></ruby><ruby>般<rt>반</rt></ruby><ruby>若<rt>야</rt></ruby><ruby>波<rt>바</rt></ruby><ruby>羅<rt>라</rt></ruby><ruby>蜜<rt>밀</rt></ruby>

그러므로 세존이시여.

<ruby>是<rt>시</rt></ruby><ruby>故<rt>고</rt></ruby> <ruby>世<rt>세</rt></ruby><ruby>尊<rt>존</rt></ruby>

바라밀과 섭수정법은 다름이 없으니

<ruby>無<rt>무</rt></ruby><ruby>異<rt>이</rt></ruby><ruby>波<rt>바</rt></ruby><ruby>羅<rt>라</rt></ruby><ruby>蜜<rt>밀</rt></ruby> <ruby>無<rt>무</rt></ruby><ruby>異<rt>이</rt></ruby><ruby>攝<rt>섭</rt></ruby><ruby>受<rt>수</rt></ruby><ruby>正<rt>정</rt></ruby><ruby>法<rt>법</rt></ruby>

섭수정법이 곧 바라밀이옵니다.

<ruby>攝<rt>섭</rt></ruby><ruby>受<rt>수</rt></ruby><ruby>正<rt>정</rt></ruby><ruby>法<rt>법</rt></ruby> <ruby>即<rt>즉</rt></ruby><ruby>是<rt>시</rt></ruby><ruby>波<rt>바</rt></ruby><ruby>羅<rt>라</rt></ruby><ruby>蜜<rt>밀</rt></ruby>

6) 몸과 목숨과 재물을 버리면

세존이시여   世尊

제가 지금 부처님의 위신력을 이어받아 큰 뜻〔
大義〕을 다시 말씀드리고자 하옵니다."

我今承佛威神 更說大義

"말해 보아라."   佛言 便說

승만부인이 부처님께 아뢰었다.   勝鬘白佛

"섭수정법에 있어   攝受正法

정법을 섭수하는 것은 섭수정법과 다름이 없
고 섭수정법자와 다름이 없으니

攝受正法者 無異攝受正法 無異攝受正法者

섭수정법하는 선남자선여인은 곧 섭수정법이
옵니다.   攝受正法 善男子善女人 即是攝受正法

왜냐하면 섭수정법하는 선남자선여인이

何以故 若攝受正法 善男子善女人

섭수정법을 위해 세 가지 몫을 버리기 때문입

니다.

무엇이 세 가지인가?

몸[身]과 목숨[命]과 재물[財]이옵니다.

爲攝受正法 捨三種分

何等爲三

謂身命財

①선남자선여인이 몸을 버리게 되면[捨身]

善男子善女人 捨身者

이 생이나 미래생에 늙음과 병듦과 죽음을 떠나

生死後際等 離老病死

파괴되지 않고 상주하며 변함없이 불가사의한 공덕을 지닌 여래의 법신을 얻게 되옵니다.

得 不壞常住 無有變易 不可思議功德 如來法身

②목숨을 버리게 되면[捨命]

捨命者

이 생이나 미래생에 죽음을 완전히 떠나

生死後際等 畢竟離死

끝없이 상주하는 불가사의한 공덕을 얻고

得 無邊常住 不可思議功德

일체의 깊고 깊은 불법을 통달하게 되옵니다.

③ 재산을 버리게 되면〔捨財〕

통달일체심심불법
通達一切甚深佛法

사재자
捨財者

이 생이나 미래생에

생사후제등
生死後際等

일체 중생과 공유하지 않고

득 불공일체중생
得 不共一切衆生

다함과 멸함이 없어 끝끝내 상주하는 불가사의한 공덕을 얻고

무진무멸 필경상주 불가사의공덕
無盡無滅 畢竟常住 不可思議功德

일체 중생으로부터 훌륭한 공양을 받게 되옵니다.

득일체중생 수승공양
得一切衆生 殊勝供養

세존이시여

세존
世尊

이와 같이 세 가지(몸·목숨·재산)를 버리며 섭수정법하는 선남자선여인은

여시사삼분 선남자선여인 섭수정법
如是捨三分 善男子善女人 攝受正法

항상 부처님들로부터 수기를 받고 일체 중생으로부터 존경을 받나이다.

상위일체제불소기 일체중생지소첨앙
常爲一切諸佛所記 一切衆生之所瞻仰

세존이시여

또 섭수정법자인 선남자선여인은

_{우 선 남 자 선 여 인　섭 수 정 법 자}
又善男子善女人　攝受正法者

법을 멸하고자 하는 비구·비구니·우바새·우
바이들이

_{법 욕 멸 시　비 구 비 구 니　우 바 새 우 바 이}
法欲滅時　比丘比丘尼　優婆塞優婆夷

편을 만들어 다투고 소송하고 서로 파괴하고
흩어질 때

_{붕 당 쟁 송　파 괴 이 산}
朋黨諍訟　破壞離散

위선과 거짓말과 속임수 등을 쓰지 않고

_{이 불 첨 곡　불 기 광　불 환 위}
以不諂曲　不欺誑　不幻僞

정법을 사랑하고 즐기면서 섭수정법하여 정법
의 벗들 속으로 들어가오니

_{애 락 정 법　섭 수 정 법　입 법 붕 중}
愛樂正法　攝受正法　入法朋中

정법의 벗들 속에 들어가면 반드시 부처님들
로부터 수기를 받게 되옵니다.

_{입 법 붕 자　필 위 제 불 지 소 수 기}
入法朋者　必爲諸佛之所授記

세존이시여

_{세 존}
世尊

저는 섭수정법에 이와 같은 큰 힘이 있음을 보았나이다.

_{아 견 섭 수 정 법   여 시 대 력}
我見攝受正法 如是大力

부처님께서는 진실한 눈과 진실한 지혜가 되고

_{불 위 실 안 실 지}
佛爲實眼實智

법의 근본이 되고

_{위 법 근 본}
爲法根本

법의 통달자가 되고

_{위 통 달 법}
爲通達法

정법의 의지처가 되어

_{위 정 법 의}
爲正法依

다 알고 다 보시옵니다."

_{역 실 지 견}
亦悉知見

7) 섭수정법의 위력과 공덕

그때 세존께서는 승만부인이 말한 섭수정법 대정진력에 대해 수희심(따라서 기뻐하는 마음)을 일으키셨다.

_{이 시   세 존   어 승 만 소 설   섭 수 정 법   대 정 진 력   기 수 희 심}
爾時 世尊 於勝鬘所說 攝受正法 大精進力 起隨喜心

"그러하다, 승만아. 네가 말한 바와 같으니라.

_{여 시   승 만   여 여 소 설}
如是 勝鬘 如汝所說

섭수정법 대정진력은

_{섭 수 정 법   대 정 진 력}
攝受正法 大精進力

저 대역사가 몸을 살짝만 건드려도 큰 고통을

받게 되는 것과 같으니라.

여 대 역 사　소 촉 신 분　생 대 고 통
如大力士　少觸身分　生大苦痛

이와 같이 승만아, 조그마한 섭수정법일지라도 마구니[魔]를 고뇌 속에 빠뜨리나니

여 시　승 만　소 섭 수 정 법　영 마 고 뇌
如是　勝鬘　少攝受正法　令魔苦惱

나는 다른 어떤 선법도 섭수정법만큼 마구니를 괴롭게 하는 것을 보지 못하였노라.

아 불 견 여 일 선 법　영 마 우 고　여 소 섭 수 정 법
我不見餘一善法　令魔憂苦　如少攝受正法

또 우왕의 모양과 빛깔이 다른 어떠한 소보다 뛰어나듯이

우 여 우 왕　형 색 무 비　승 일 체 우
又如牛王　形色無比　勝一切牛

대승의 섭수정법이 아무리 적을지라도

여 시　대 승 소 섭 수 정 법
如是　大乘少攝受正法

일체 이승의 선근을 능가하나니

승 어 일 체 이 승 선 근
勝於一切二乘善根

섭수정법이 광대하기 때문이니라.

이 광 대 고
以廣大故

또 수미산왕의 단엄하고 특출함이 다른 모든 산을 능가하듯이

우 여 수 미 산 왕　단 엄 수 특　승 어 중 산
又如須彌山王　端嚴殊特　勝於衆山

대승에 몸[身]과 목숨[命]과 재산[財]을 버리면서

마음을 다잡아 섭수정법하게 되면

여시 대승사신명재 이섭취심 섭수정법
如是 大乘捨身命財 以攝取心 攝受正法

몸과 목숨과 재산을 버리지 못하는 초주(발심하
여 십주

十住의 첫 단계인 발심
주發心住에 있는 보살) 대승의 일체 선근보다 훨씬 뛰어

나니

승불사신명재 초주대승 일체선근
勝不捨身命財 初住大乘 一切善根

이 섭수정법의 광대함을 어찌 이승과 비교할

수 있겠느냐.

하 황이승 이광대고
何況二乘 以廣大故

그러므로 승만아

시고 승만
是故 勝鬘

마땅히 섭수정법으로써

攝受正法

당이섭수정법
當以攝受正法

중생에게 열어 보이고

개시중생
開示衆生

중생을 교화하고

교화중생
教化衆生

중생을 건립해야 하느니라.

건립중생
建立衆生

그러하다, 승만아

여시 승만
如是 勝鬘

섭수정법에는

섭수정법
攝受正法

이와 같은 큰 이익과

여시대리
如是大利

이와 같은 큰 복과

이와 같은 큰 과보가 있느니라.

승만아, 내가 아승지겁에 아승지겁을 곱한 만큼의 세월 동안 섭수정법의 공덕과 이익을 설할지라도 끝이 없나니

_{여시대복}
如是大福

_{여시대과}
如是大果

_{승만 아어아승지아승지겁 설섭수정법공덕의리 부득변제}
勝鬘 我於阿僧祇阿僧祇劫 說攝受正法功德義利 不得邊際

섭수정법에는 한량없고 가이없는 공덕이 있느니라."

_{시고 섭수정법 유무량무변공덕}
是故 攝受正法 有無量無邊功德

제5 일승장
一 乘 章

하나의 수레

1) 모든 법의 근원은 대승

부처님께서 승만에게 이르셨다.

불고승만
佛告勝鬘

"이제 다시 일체 제불께서 설하신 섭수정법에
대해 말하여 보아라."

여금갱설　일체제불소설　섭수정법
汝今更說 一切諸佛所說 攝受正法

승만부인이 부처님께 아뢰었다.

승만백불언
勝鬘白佛言

"거룩하신 세존이시여, 분부대로 하겠나이다."

선재　세존　유연수교
善哉 世尊 唯然受教

그리고는 부처님께 아뢰었다.

즉백불언
即白佛言

"세존이시여

섭수정법은 마하연(대승)이옵니다.
摩訶衍

攝受正法者 卽是摩訶衍
섭 수 정 법 자 즉 시 마 하 연

왜냐하면 마하연이 일체의 성문·연각과 세
간·출세간의 선법을 낳기 때문입니다.
善法

何以故 摩訶衍 出生一切聲聞緣覺 世間出世間善法
하 이 고 마 하 연 출 생 일 체 성 문 연 각 세 간 출 세 간 선 법

세존이시여
世尊

왜냐하면 아뇩대지(히말라야산 속 에 있는 큰 연못)에서 여덟 개의
阿耨大池

큰 강이 나왔듯이
何以故 如阿耨大池 出八大河
하 이 고 여 아 뇩 대 지 출 팔 대 하

이 마하연에서 일체의 성문·연각과 세간·출세
간의 선법이 다 나오기 때문입니다.

如是 摩訶衍 出生一切聲聞緣覺 世間出世間善法
여 시 마 하 연 출 생 일 체 성 문 연 각 세 간 출 세 간 선 법

세존이시여
世尊

일체의 씨앗이 땅에 의지하여 생장하는 것과
같이
又如一切種子 皆依於地 而得生長
우 여 일 체 종 자 개 의 어 지 이 득 생 장

일체의 성문·연각과 세간·출세간의 선법도 이
대승을 의지하여야 증장할 수 있나이다.

여시 일체성문연각 세간출세간선법 의어대승 이득증장
如是 一切聲聞緣覺 世間出世間善法 依於大乘 而得增長

그러므로 세존이시여
시고 세존
是故 世尊

대승에 머무르고 대승을 섭수하는 것이
大乘

주어대승 섭수대승
住於大乘 攝受大乘

곧 이승에 머물면서 이승과 일체 세간·출세간
二乘
의 선법을 섭수하는 것이옵니다.
즉시주어이승 섭수 이승 일체세간출세간선법
即是住於二乘 攝受 二乘 一切世間出世間善法

2) 대승과 여섯 가지 법

세존께서 설하신 여섯 가지 법〔六處〕도 그 의미
육처
가 같나이다.
여세존설육처
如世尊說六處

여섯 가지가 무엇인가?
하등위육
何等爲六

① 정법의 머묾 (일반적으로는 부처님 열반 후 불법이 성한 5백년의 기간을 정법기라 함)
위 정법주
謂正法住

② 정법의 멸함 (5백년이 지나 차츰 불법이 쇠퇴하는 것)
정법멸
正法滅

③ 바라제목차 (해탈을 보호하는 법. 계戒가 해탈을 잘 유지시켜준다 하여 바라제목차라고 함)
바라제목차
波羅提木叉

④ 비니 (출가제자들의 바른 수행을 위해 정해 놓은 생활규범. 율律.)
비니
毗尼

⑤ 출가
출가
出家

⑥구족계(완전히 갖추어진 계. 비구 250계, 비구니 348계)를 받는 것이니 　受具足

대승을 위해 이 여섯 가지 법을 설하셨나이다.

위 대 승 고　설 차 육 처
爲大乘故 說此六處

그 까닭이 무엇인가?

하 이 고
何以故

①정법이 머문다는 것은 대승(일승)을 두고 하신 말씀이니

정 법 주 자　위 대 승 고 설
正法住者 爲大乘故說

대승의 머무름은 곧 정법의 머무름입니다.

대 승 주 자　즉 정 법 주
大乘住者 即正法住

②정법이 멸한다는 것도 대승을 두고 하신 말씀이니

정 법 멸 자　위 대 승 고 설
正法滅者 爲大乘故說

대승의 멸함은 곧 정법의 멸함입니다.

대 승 멸 자　즉 정 법 멸
大乘滅者 即正法滅

③바라제목차와 ④비니는 명칭만 다를 뿐 뜻은 같사오니

바 마 제 목 차　비 니　차 이 법 자　의 일 명 이
波羅提木叉 毘尼 此二法者 義一名異

비니는 곧 대승을 배우는 것입니다.

비 니 자　즉 대 승 학
毘尼者 即大乘學

그 까닭이 무엇인가?

하 이 고
何以故

부처님께 의지하여 ⑤출가하고 ⑥구족계를 받기 때문입니다.

이의불출가 이수구족
以依佛出家 而受具足

그러므로 대승의 위의계(威儀戒)(위엄 있고 엄숙한 계율. 바라제목차)가 바로 비니요 출가요 구족계를 받는 것이라고 설하십니다.

시고 설 대승위의계 시비니 시출가 시수구족
是故 說 大乘威儀戒 是毘尼 是出家 是受具足

따라서 아라한만의 특별한 출가나 구족계를 받음은 없나이다.

시고 아라한 무별출가수구족고
是故 阿羅漢 無別出家受具足故

그 까닭이 무엇인가?

하이고
何以故

아라한도 여래를 의지하여 출가하고 구족계를 받기 때문입니다.

아라한 의여래출가 수구족고
阿羅漢 依如來出家 受具足故

3) 아라한의 두려움과 귀의

아라한은 부처님께 귀의하였지만 아라한에게는 두려움이 있나이다.

아라한 귀의어불 아라한 유공포
阿羅漢 歸依於佛 阿羅漢 有恐怖

그 까닭이 무엇인가?

하이고
何以故

아라한은 일체 행(行)에 대해 두렵다는 생각에 머

물러 있기 때문입니다. <ruby>阿羅漢<rt>아 라 한</rt></ruby> <ruby>於一切行<rt>어 일 체 행</rt></ruby> <ruby>怖畏想住<rt>포 외 상 주</rt></ruby>

마치 누군가가 칼을 들고 자기를 해치러 오기라도 하는 것과 같아서 <ruby>如人執劍<rt>여 인 집 검</rt></ruby> <ruby>欲來害己<rt>욕 내 해 기</rt></ruby>

아라한에게는 구경락<ruby>究竟樂<rt></rt></ruby>(완전한 즐거움)이 없습니다. <ruby>是故<rt>시 고</rt></ruby> <ruby>阿羅漢<rt>아 라 한</rt></ruby> <ruby>無究竟樂<rt>무 구 경 락</rt></ruby>

무슨 까닭인가? <ruby>何以故<rt>하 이 고</rt></ruby>

참된 의지처인 세존은 다른 의지처를 구하지 않지만 <ruby>世尊<rt>세 존</rt></ruby> <ruby>依不求依<rt>의 불 구 의</rt></ruby>

마치 의지처가 없는 중생들이 여기저기에서 공포를 느끼고 그 공포 때문에 귀의처를 구하듯이 <ruby>如衆生無依<rt>여 중 생 무 의</rt></ruby> <ruby>彼彼恐怖<rt>피 피 공 포</rt></ruby> <ruby>以恐怖故<rt>이 공 포 고</rt></ruby> <ruby>則求歸依<rt>즉 구 귀 의</rt></ruby>

저 아라한에게도 두려움이 있고 그 두려움 때문에 여래께 의지를 하는 것이옵니다. <ruby>如阿羅漢<rt>여 아 라 한</rt></ruby> <ruby>有怖畏<rt>유 포 외</rt></ruby> <ruby>以怖畏故<rt>이 포 외 고</rt></ruby> <ruby>依於如來<rt>의 어 여 래</rt></ruby>

4) 여래의 완전한 열반

세존이시여 <ruby>世尊<rt>세 존</rt></ruby>

아라한과 벽지불에게는 두려움이 있나이다.

^{아 라 한 벽 지 불 유 포 외}
阿羅漢辟支佛 有怖畏

그러므로 아라한과 벽지불에게는

^{시 고 아 라 한 벽 지 불}
是故 阿羅漢辟支佛

다하지 못한 생법(生法)이 남아 있기 때문에 태어남
이 있고

^{유 여 생 법 부 진 고 유 생}
有餘生法不盡故 有生

다 이루지 못한 범행(梵行)(깨끗한 수행)이 남아 있기 때문에
순수하지 못합니다.

^{유 여 범 행 불 성 고 불 순}
有餘梵行不成故 不純

수행을 다 마치지 못하였기 때문에

^{사 불 구 경 고}
事不究竟故

앞으로 해야 할 것이 있고

^{당 유 소 작}
當有所作

피안에 도달하지 못하였기 때문에

^{부 도 피 고}
不度彼故

앞으로 끊어야 할 것이 있으며

^{당 유 소 단}
當有所斷

끊지 못하였기 때문에

^{이 불 단 고}
以不斷故

열반계(涅槃界)에서 멀리 떨어져 있나이다.

^{거 열 반 계 원}
去涅槃界遠

그 까닭이 무엇인가?

^{하 이 고}
何以故

①오직 여래·응공·정등각만이 반열반(般涅槃)(완전한 열반)을

얻으셨나니

唯有如來應正等覺　得般涅槃
유유여래응정등각　득반열반

일체의 공덕〔一切功德〕을 성취하신 때문이요

成就一切功德故
성취일체공덕고

아라한과 벽지불은 일체의 공덕을 성취하지
못하였으니

阿羅漢辟支佛　不成就一切功德
아라한벽지불　불성취일체공덕

그들이 열반을 얻었다고 한 것은 부처님의 방
편입니다.

言得涅槃者　是佛方便
언득열반자　시불방편

② 오직 여래만이 반열반을 얻으셨나니

唯有如來　得般涅槃
유유여래　득반열반

한량이 없는 공덕〔無量功德〕을 성취하신 때문이
요

成就無量功德故
성취무량공덕고

아라한과 벽지불은 한량이 있는 공덕〔有量功德〕
만을 성취하였으니

阿羅漢辟支佛　成就有量功德
아라한벽지불　성취유량공덕

그들이 열반을 얻었다고 한 것은 부처님의 방
편입니다.

言得涅槃者　是佛方便
언득열반자　시불방편

③오직 여래만이 반열반을 얻으셨나니

유 유 여 래　득 반 열 반
唯有如來　得般涅槃

생각으로 헤아리지 못하는 공덕〔不可思議功德〕을
성취하신 때문이요

성 취 불 가 사 의 공 덕 고
成就不可思議功德故

아라한과 벽지불은 생각으로 헤아릴 수 있는
공덕〔思議功德〕만을 성취하였으니

아 라 한 벽 지 불　성 취 사 의 공 덕
阿羅漢辟支佛　成就思議功德

그들이 열반을 얻었다고 한 것은 부처님의 방
편입니다.

언 득 열 반 자　시 불 방 편
言得涅槃者　是佛方便

④오직 여래만이 반열반을 얻으셨나니

유 유 여 래　득 반 열 반
唯有如來　得般涅槃

마땅히 끊어야 할 일체의 허물을 다 끊어 제
일 가는 청정〔第一淸淨〕을 성취하신 때문이요

일 체 소 응 단 과　개 실 단 멸　성 취 제 일 청 정
一切所應斷過　皆悉斷滅　成就第一淸淨

아라한과 벽지불은 아직 허물들이 남아 있고
제일 가는 청정을 성취하지 못하였으니

아라한벽지불 유여과 비제일청정
阿羅漢辟支佛 有餘過 非第一淸淨

그들이 열반을 얻었다고 한 것은 부처님의 방
편입니다.
언득열반자 시불방편
言得涅槃者 是佛方便

⑤오직 여래만이 반열반을 얻어 일체 중생의
우러름을 받으시나니
유유여래 득반열반 위일체중생지소첨앙
唯有如來 得般涅槃 爲一切衆生之所瞻仰

아라한·벽지불·보살의 경계(경지)를 뛰어넘었기
때문이요
출과아라한벽지불보살경계
出過阿羅漢辟支佛菩薩境界

아라한과 벽지불은 열반의 세계와 거리가 멀
다고 하는 까닭은
시고 아라한벽지불 거열반계원
是故 阿羅漢辟支佛 去涅槃界遠

아라한과 벽지불이 관찰하여 구경의 안식처를
얻는 해탈의 네 가지 지혜(사성제의 지혜) 또한 여래의
방편으로
언아라
言阿羅

한벽지불 관찰 해탈사지 구경 득소식처자 역시여래방편
漢辟支佛 觀察 解脫四智 究竟 得蘇息處者 亦是如來方便

아직도 미진함이 남아 있는 불요의설(불법의 도리를 명백하고 완전하게 나타내지 못한 교설)이기 때문입니다.
불요의설
不了義說
유여불요의설
有餘不了義說

5) 두 가지 죽음

그 까닭이 무엇인가? 何以故

두 가지의 죽음이 있기 때문입니다. 有二種死

두 가지가 무엇인가? 何等爲二

분단사(分段死)(중생이 겪는 육체적인 죽음)와 謂分段死

부사의변역사(不思議變易死)(부사의한 변화를 지닌 자유자재한 죽음)입니다. 不思議變易死

분단사(分段死)는 허망한 중생들이 겪는 죽음이요

分段死者 謂虛僞衆生

부사의변역사(不思議變易死)는 아라한·벽지불·대력보살의 의생신(意生身)(의지에 따라 태어나는 몸)에서부터 구경(究竟)(궁극적인 경지)인 무상보리까지를 말하옵니다. 不思議

變易死者 謂阿羅漢辟支佛大力菩薩 意生身 乃至究竟無上菩提

①두 가지 죽음 중 중생의 분단사를 해결했기 때문에 二種死中 以分段死故

아라한과 벽지불은 '지혜로 나의 생을 이미 다 했다'고 말하며 說 阿羅漢辟支佛 智我生已盡

②남음이 있는 과보(유여 열반)를 증득했기 때문에

득유여과증고
得有餘果證故

‘범행이 이미 섰다[立]’고 말하며
설범행이립
說梵行已立

③범부나 인간·천인들이 능히 하지 못하고
범부인천　소불능변
凡夫人天　所不能辦

일곱 부류의 학인들(수다원·사다함·아나함·아라한의 4향向 4과果 중에 아라한과를 제외한 일곱 부류)이 아직 해내지 못한 허위와 번뇌를 끊었기 때문에
칠종학인　선소미작　허위번뇌단고
七種學人　先所未作　虛僞煩惱斷故

‘해야 할 바를 이미 다 마쳤다’고 말하며
설소작이변
說所作已辦

④아라한과 벽지불은 번뇌를 끊어 다시는 후생에서 몸을 받는 일이 없기 때문에
아라한벽지불　소단번뇌　갱불능수후유고
阿羅漢辟支佛　所斷煩惱　更不能受後有故

‘후생에는 몸을 받지 않는다’고 말을 합니다.
설불수후유
說不受後有

그러나 일체의 번뇌를 다한 것도 아니요
비진일체번뇌
非盡一切煩惱

생을 받는 일을 모두 끝낸 것도 아니므로

역 비 진 일 체 수 생 고
亦非盡一切受生故

방편으로 '후생에는 몸을 받지 않는다'고 설
하십니다.
설 불 수 후 유
說不受後有

6) 여러 가지 번뇌들

그 까닭이 무엇인가?
하 이 고
何以故

번뇌가 있기 때문입니다.
유 번 뇌
有煩惱

아라한과 벽지불은 아직 끊지 못한 두 가지
번뇌가 있으니 시 아 라 한 벽 지 불　소 불 능 단　번 뇌 유 이 종 **是阿羅漢辟支佛　所不能斷　煩惱有二種**

두 가지가 무엇인가?
하 등 위 이
何等爲二

住 地 煩 惱
주지번뇌(대지를 의지하여 생물이 자라듯이 이 번뇌가 다
른 일상 번뇌의 의지처가 된다고 하여 붙인 이름)와
위 주 지 번 뇌
謂住地煩惱

起 煩 惱
기번뇌(찰나 찰나에
일어나는 번뇌)이옵니다.
급 기 번 뇌
及起煩惱

住 地
주지(번뇌의 의지처. 번뇌가
일어나고 머무는 땅)에는 네 가지가 있습니다.

주 지 유 사 종
住地有四種

네 가지가 무엇인가?
하 등 위 사
何等爲四

見 一 處 住 地
①**견일처주지**(일처, 곧 진리를 바로 보지 못하는데서
생기는 번뇌들이 일어나는 곳·자리·땅)
위 견 일 처 주 지
謂見一處住地

欲 愛 住 地
②**욕애주지**(오욕을 사랑할 때 생기는 번뇌들
이 머무는 곳. 욕계를 만들어 냄)
욕 애 주 지
欲愛住地

③ 색애주지(色愛住地)(욕심은 없으나 몸을 좋아하여 생기는 번뇌들이 머무는 곳. 색계과 관련이 있다고 함) 　색애주지 色愛住地

④ 유애주지(有愛住地)(생사에 대한 애착 때문에 생기는 번뇌들이 머무는 곳. 무색계를 만들어낸다고 함) 　유애주지 有愛住地

이 네 가지 주지(번뇌가 머무는 땅)에서 　차사종주지 此四種住地

일체 기번뇌(起煩惱)(일상 속에서 일어나는 번뇌)가 생하오니 　생일체기번뇌 生一切起煩惱

기(起)란 찰나의 마음이 찰나에 상응하는 것이옵니다. 　기자 찰나심 찰나상응 起者 刹那心 刹那相應

세존이시여 　세존 世尊

마음과 상응하지 않는 것은 무시(無始)(언제 시작되었는지 알 수 없는)

무명주지(無明住地)(근본 번뇌인 무명이 머무는 곳·땅)입니다. 　심불상응 무시무명주지 心不相應 無始無明住地

세존이시여 　세존 世尊

이 네 가지 주지의 힘이 일체 상번뇌(上煩惱)(수행을 방해하는 번뇌)들의 의지처가 되고 씨앗이 되지만 　차사주지력 일체상번뇌의종 此四住地力 一切上煩惱依種

무명주지와 비교하면 숫자로나 비유로나 도저히 미치지 못하옵니다. 　비무명주지 산수비유 소불능급 比無明住地 算數譬喩 所不能及

세존이시여

이것이 무명주지의 힘이오니　　　　세 존
　　　　　　　　　　　　　　　　世尊

유애주지 등의 네 가지 주지보다 무명주지의　　여 시　무 명 주 지 력
　　　　　　　　　　　　　　　　　　　　如是　無明住地力

힘이 가장 셉니다.

　　　　　　　어 유 애 수 사 주 지　무 명 주 지　기 력 최 대
　　　　　　　於有愛數四住地　無明住地　其力最大

마치 악마 파순(波 旬)(타화자재천을)이 타화자재천인들보
　　　　　　　　　　　다스리는 마왕

다
　　　　　　비 여　악 마 파 순　어 타 화 자 재 천
　　　　　　譬如　惡魔波旬　於他化自在天

모습〔색色〕이나 힘〔력力〕이나 수명壽命이나 권속眷屬이나 소

유물〔중구衆具〕에 있어 훨씬 더 자재하고 뛰어나듯

이
　　　　　　　　색 력 수 명 권 속 중 구　자 재 수 승
　　　　　　　　色力壽命眷屬衆具　自在殊勝

무명주지의 힘은 유애주지를 비롯한 네 가지

주지의 힘보다 크게 우월하여

　　　　여 시　무 명 주 지 력　어 유 애 수 사 주 지　기 력 최 승
　　　　如是　無明住地力　於有愛數四住地　其力最勝

항하사만큼 많은 상번뇌(수행할 때)들의 의지처
　　　　　　　　　　　　　생기는 번뇌

가 될 뿐 아니라
　　　　　　　　　　항 사 등 수　상 번 뇌 의
　　　　　　　　　　恒沙等數　上煩惱依

네 가지 주지의 번뇌들을 오래 머물 수 있게

합니다.
　　　　　　　역 령 사 종 번 뇌 구 주
　　　　　　　亦令四種煩惱久住

아라한과 벽지불의 지혜로는 이를 능히 끊지
못하며 _{아 라 한 벽 지 불 지 소 불 능 단}
阿羅漢辟支佛智 所不能斷

오직 여래의 보리지혜라야 능히 끊을 수 있나
이다. _{유 여 래 보 리 지 소 능 단}
唯如來菩提智之所能斷

이와 같이 세존이시여 _{여 시 세 존}
如是 世尊

무명주지의 힘이 가장 셉니다. _{무 명 주 지 최 위 대 력}
無明住地 最爲大力

7) 무명주지는 여래만이 끊는다

세존이시여 _{세 존}
世尊

또 취(집착)가 연이 되고 유루업(잘못된 생각과 말과 행동)이 인이
되면 _{우 여 취 연 유 루 업 인}
又如取緣 有漏業因

삼유(욕계·색계·무색계의 중생)가 생겨나는 것과 같이 _{이 생 삼 유} 而生三有

무명주지가 연이 되고 무루업(번뇌가 없는 업)이 인이 되
면 _{여 시 무 명 주 지 연 무 루 업 인}
如是 無明住地緣 無漏業因

아라한·벽지불·대력보살이라는 세 가지 의생
신(의지에 따라 마음 대로 태어나는 몸)이 생겨납니다.
_{생 아 라 한 벽 지 불 대 력 보 살 삼 종 의 생 신}
生阿羅漢辟支佛大力菩薩 三種意生身

이 삼지(三地)(세 가지 지위. 아라한·벽지불·대력보살)에서 세 종류의 의생신이 생(生)하는 것과 무루업이 생(生)하는 것은

차 삼 지 피 삼 종 의 생 신 생 급 무 루 업 생
此三地 彼三種意生身生 及無漏業生

무명주지에 의한 연이 있음이요 연이 없음이 아닙니다.

의 무 명 주 지 유 연 비 무 연
依無明住地 有緣 非無緣

그러므로 아라한·벽지불·대력보살의 의생신과 그들의 무루업은 무명주지가 연(緣)이 됩니다.

시 고 삼 종 의 생 신 급 무 루 업 연 무 명 주 지
是故 三種意生身 及無漏業 緣無明住地

세존이시여

세 존
世尊

이와 같이 유애주지를 비롯한 네 가지 주지와 무명주지에서 나오는 업은 같지가 않나이다.

여 시 유 애 주 지 수 사 주 지 불 여 무 명 주 지 업 동
如是 有愛住地 數四住地 不與無明住地業同

무명주지는 네 가지 주지와 달라서 부처님의 경지라야 끊을 수 있고

무 명 주 지 이 리 사 주 지 불 주 지 단
無明住地 異離四住地 佛地所斷

부처님의 보리지혜라야 끊을 수 있나이다.

그 까닭이 무엇인가?

<ruby>佛菩提智所斷<rt>불 보 리 지 소 단</rt></ruby>

<ruby>何以故<rt>하 이 고</rt></ruby>

아라한과 벽지불은 네 가지 주지는 끊을 수 있지만

<ruby>阿羅漢辟支佛<rt>아 라 한 벽 지 불</rt></ruby> <ruby>斷四種住地<rt>단 사 종 주 지</rt></ruby>

무루(번뇌가 없음)에 이르지 못하여

<ruby>無漏<rt>무 루</rt></ruby>

<ruby>無漏不盡<rt>무 루 부 진</rt></ruby>

자재력(자유롭고 자재한 힘)을 얻지 못하였고

<ruby>自在力<rt>자 재 력</rt></ruby>

<ruby>不得自在力<rt>부 득 자 재 력</rt></ruby>

증(완전한 깨달음)을 이루지 못하였으니

<ruby>證<rt>증</rt></ruby>

<ruby>亦不作證<rt>여 부 작 증</rt></ruby>

무루에 이르지 못하게 하는 것은

<ruby>無漏不盡者<rt>무 루 부 진 자</rt></ruby>

바로 이 무명주지입니다.

<ruby>即是無明住地<rt>즉 시 무 명 주 지</rt></ruby>

8) 불완전한 열반

세존이시여

<ruby>世尊<rt>세 존</rt></ruby>

아라한과 벽지불과 최후신보살(대력 보살)은

<ruby>阿羅漢辟支佛最後身菩薩<rt>아 라 한 벽 지 불 최 후 신 보 살</rt></ruby>

무명주지에 덮혀 장애를 받고 있으므로

<ruby>無明住地<rt>무 명 주 지</rt></ruby>

<ruby>爲無明住地之所覆障故<rt>위 무 명 주 지 지 소 부 장 고</rt></ruby>

여러 법들을 알지 못하고 깨닫지 못하옵니다.

어피피법 부지불각
於彼彼法 不知不覺

잘 알지도 잘 보지도 못하기 때문에

이 부 지 견 고
以不知見故

마땅히 끊어야 할 것을 끊지 못하여 구경에

究 竟

이르지 못하며

소 응 단 자 부 단 불 구 경
所應斷者 不斷 不究竟

끊지 못하기 때문에

이 부 지 견 고
以不斷故

유여과해탈(부족함이 있는 해탈)이라 이름합니다.

有 餘 過 解 脫

명 유 여 과 해 탈
名有餘過解脫

모든 허물을 떠난 해탈이 아니기에 유여청정(부족함이 있는 청정)이라 이름하고

有 餘 淸 淨

비 난 일 체 과 해 탈 명 유 여 청 정
非離一切過解脫 名有餘淸淨

일체가 다 청정해진 것이 아니기에 유여공덕(부족함이 있는 공덕)을 성취했다고 이름합니다.

비 일 체 청 정 명 성 취 유 여 공 덕
非一切淸淨 名成就有餘功德

일체 공덕이 아니라 유여해탈(부족함이 있는 해탈)·유여청정(부족함이 있는 청정)·유여공덕(부족함이 있는 공덕)을 성취하였기 때문에

有 餘 解 脫

有 餘 淸 淨

비 일 체 공 덕 이 성 취 유 여 해 탈 유 여 청 정 유 여 공 덕 고
非一切功德 以成就 有餘解脫 有餘淸淨 有餘功德故

고를 유여하게(완전하지 못하게) 알고〔知〕

苦   有 餘

지 유 여 고
知有餘苦

집을 유여하게 끊고〔斷〕

集

단 유 여 집
斷有餘集

멸을 유여하게 증득하고〔證〕

滅

증 유 여 멸
證有餘滅

도를 유여하게 닦게 되오니〔修〕

수유여도
修有餘道

이것을 이름하여 소분열반(전체가 아닌 한 부분만을 이룬 열반)이라 하며

少分涅槃

시 명 득 소 분 열 반
是名得少分涅槃

소분열반을 얻는 것을 '열반의 세계로 향함'이라 칭하옵니다.

득 소 분 열 반 자　 명 향 열 반 계
得少分涅槃者　名向涅槃界

9) 열반과 무명주지와 상번뇌

일체의 고를 알고〔知〕

苦

약 지 일 체 고
若知一切苦

일체의 집을 끊고〔斷〕

集

단 일 체 집
斷一切集

일체의 멸을 증득하고〔證〕

滅

증 일 체 멸
證一切滅

일체의 도를 닦으면〔修〕

道

수 일 체 도
修一切道

무상괴세간(무상하게 무너지는 세간)과

無 常 壞 世 間

어 무 상 괴 세 간
於無常壞世間

무상병세간(무상하게 병드는 세간)에서

無 常 病 世 間

무 상 병 세 간
無常病世間

상주열반(항상 있어 변함 없는 열반)을 얻으며

常 住 涅 槃

득 상 주 열 반
得常住涅槃

무부호세간(보호 받을 수 없는 세간)과

無 覆 護 世 間

어 무 부 호 세 간
於無覆護世間

무의세간(의지할 데 없는 세간)의

無 依 世 間

무 의 세 간
無依世間

보호자가 되고 의지처가 되옵니다.

위 호 위 의
爲護爲依

그 까닭이 무엇인가?

何以故 (하이고)

법(法)(지혜·해탈·청정의 세 가지 법)의 우열(優劣)이 없기 때문에 열반을 얻나니

法無優劣故 得涅槃 (법무우열고 득열반)

지혜(智慧)가 평등(平等)하기 때문에 열반을 얻고

智慧等故 得涅槃 (지혜등고 득열반)

해탈(解脫)이 평등하기 때문에 열반을 얻고

解脫等故 得涅槃 (해탈등고 득열반)

청정(清淨)함이 평등하기 때문에 열반을 얻습니다.

清淨等故 得涅槃 (청정등고 득열반)

그러므로 열반은 일미(一味)(한 가지 맛)요 등미(等味)(평등한 맛)이니

是故 涅槃一味 等味 (시고 열반일미 등미)

이를 해탈미(解脫味)(해탈의 맛)라 칭하옵니다.

謂解脫味 (위해탈미)

세존이시여

世尊 (세존)

무명주지를 끊지 못하고 다하지 못한 이는

若無明住地 不斷不究竟者 (약무명주지 부단불구경자)

일미(一味)도 등미(等味)도 명해탈미(明解脫味)(무명을 떠난 해탈이므로 무명의 반대인 명명을 써서 명해탈이라 함)도 얻지 못합니다.

不得一味等味 謂明解脫味 (부득일미등미 위명해탈미)

왜냐하면 무명주지를 끊지 못하고 다하지 못
한 이는
_{하 이 고　무 명 주 지　부 단 불 구 경 자}
何以故 無明住地 不斷不究竟者

마땅히 끊어야 할 항하사보다 많은 법을 완
전하게 끊지 못하며
_{과 항 사 등 소 응 단 법　부 단 불 구 경}
過恒沙等所應斷法 不斷不究竟

마땅히 끊어야 할 항하사보다 많은 법을 끊지
못하기 때문에
_{과 항 사 등 소 응 단 법　부 단 고}
過恒沙等所應斷法 不斷故

마땅히 얻어야 할 항하사보다 많은 법을 얻지
못하고 마땅히 증득해야 할 법을 증득하지 못
하옵니다.
_{과 항 사 등 법　응 득 부 득　응 증 부 증}
過恒沙等法 應得不得 應證不證

그러므로 무명주지가 쌓이고 모여서
_{시 고　무 명 주 지 적 취}
是故 無明住地積聚

일체의 수도단번뇌(도를 닦아야만 끊
을 수 있는 번뇌)인 갖가지 상번
뇌(수도를 방해
하는 번뇌)들이 생하는 것이옵니다.
_{생 일 체　수 도 단 번 뇌　상 번 뇌}
生一切 修道斷煩惱 上煩惱

생겨나는 상번뇌(보리심과 보리행을
방해하는 11가지 번뇌)란
_{피 생}
彼生

심상번뇌(보리심을 덮는 번뇌. 이하의 열 가
지 번뇌는 보리행을 방해하는 번뇌임)
_{심 상 번 뇌}
心上煩惱

지상번뇌(지止수행을
깨뜨리는 번뇌)
_{지 상 번 뇌}
止上煩惱

관상번뇌(觀)(관觀수행을 방해하는 번뇌)　　　　관 상 번 뇌 觀上煩惱

선상번뇌(禪)(선정 중에 일 어나는 번뇌)　　　　선 상 번 뇌 禪上煩惱

정수상번뇌(正受)(정수는 삼매. 곧 삼매의 이룸을 방해하는 번뇌)　　　　정 수 상 번 뇌 正受上煩惱

방편상번뇌(方便)(방편을 닦는 데 방해되는 번뇌)　　　　방 편 상 번 뇌 方便上煩惱

지상번뇌(智)(지혜를 닦는 데 방해되는 번뇌)　　　　지 상 번 뇌 智上煩惱

과상번뇌(果)(열반의 과를 얻는 데 장애되는 번뇌)　　　　과 상 번 뇌 果上煩惱

득상번뇌(得)(해탈을 얻는 데 방해되는 번뇌)　　　　득 상 번 뇌 得上煩惱

역상번뇌(力)(부처의 십력을 얻는 데 방해되는 번뇌)　　　　역 상 번 뇌 力上煩惱

무외상번뇌(無畏)(부처님의 네 가지 두려움 없는 사무소외를 얻는 데 방해되는 번뇌)입니다.　　무 외 상 번 뇌 無畏上煩惱

이상의 항하사보다 많은 상번뇌는 여래의 보
리지(提智)(깨달음에서 나온 지혜)라야 끊을 수 있나이다.

여 시　과 항 사 등 상 번 뇌　여 래 보 리 지 소 단
如是　過恒沙等上煩惱　如來菩提智所斷

일체의 상번뇌는 무명주지가 건립하는 바이니

일 체 개 의　무 명 주 지 지 소 건 립
一切皆依　無明住地之所建立

일체 상번뇌의 일어남은 모두 무명주지가 인
이 되고 무명주지가 연(緣)이 되옵니다.

일 체 상 번 뇌 기　개 인 무 명 주 지　연 무 명 주 지
一切上煩惱起　皆因無明住地　緣無明住地

10) 근본 무명을 끊어야

세존이시여 世尊

기번뇌(사주지에서 일어나는 자질구레한 번뇌)는 起煩惱
於此起煩惱

찰나의 마음〔刹那心〕이 찰나에 서로 응하는 것이며
刹那心刹那相應

세존이시여 世尊

마음과 서로 응하지 않는 것은 시작을 알 수 없는 무명주지이옵니다. 心不相應 無始無明住地

세존이시여 世尊

여래의 보리지(깨달음에서 나온 지혜)로 끊어야 할 항하사보다 더 많은 법들은 菩提智

若復過於恒沙 如來菩提智 所應斷法

모두 무명주지가 간직하고 건립한 것들이옵니다.
一切皆是 無明住地所持所建立

마치 모든 씨앗이 대지를 의지하여 싹트고 자리잡고 성장하다가 땅이 무너지면 식물들도 따라서 쓰러지듯이

비여 일체종자 개의지생 건립증장 약지괴자 피역수괴
譬如 一切種子 皆依地生 建立增長 若地壞者 彼亦隨壞

여래의 보리지로써 끊어야 할 항하사보다 많은 법들은

여시 과항사등 여래보리지 소응단법
如是 過恒沙等 如來菩提智 所應斷法

무명주지에 의해 생겨나고 건립되고 성장하다가

일체개의 무명주지생 건립증장
一切皆依 無明住地生 建立增長

무명주지가 끊어지면 여래의 보리지로써 끊어야 할 항하사보다 많은 법들도 따라서 다 끊을 수 있게 되옵니다.

약 무명주지단자 과항사등 여래보리지소응단법 개역수단
若無明住地斷者 過恒沙等 如來菩提智所應斷法 皆亦隨斷

이렇게 하여 일체 번뇌와 상번뇌(수행번뇌)를 끊어서

여시 일체번뇌상번뇌단
如是 一切煩惱上煩惱斷

여래가 얻은 항하사보다 많은 일체제법을 통달하고

과항사등여래소득 일체제법통달
過恒沙等如來所得 一切諸法通達

걸림 없는 일체지견으로 일체의 허물과 악을 떠나

무애일체지견 이일체과악
無礙一切智見 離一切過惡

일체공덕을 얻은 법왕이요 법주가 되어 자재를 얻고

득일체공덕 법왕 법주 이득자재
得一切功德 法王 法主 而得自在

일체법에 자재한 자리에 올라 ^{등 일 체 법 자 재 지 지} 登一切法自在之地

여래·응공·정등각이 되어 올바른 사자후를 하시옵니다. ^{여 래 응 등 정 각   정 사 자 후} 如來應等正覺 正師子吼

'나의 생은 이제 다하였다 ^{아 생 이 진} 我生已盡

이미 범행을 완수하였고 ^{범 행 이 립} 梵行已立

해야 할 일을 다 마쳤기에 ^{소 작 이 변} 所作已辨

후생에서는 몸을 받지 않노라' ^{불 수 후 유} 不受後有

그러므로 세존께서는 이 사자후에 의거한 요의법(불법의 도리를 명백하고 완전하게 담고 있는 법)으로 한결같이 수기를 하시옵니다. ^{시 고   세 존   이 사 자 후   의 어 요 의   일 향 기 설} 是故 世尊 以師子吼 依於了義 一向記說

11) 삼승과 일승 모두 법신을

세존이시여 ^{세 존} 世尊

후생에 몸을 받지 않는 지혜에는 두 가지가 있나이다. ^{불 수 후 유 지   유 이 종} 不受後有智 有二種

① 여래께서는 최상의 다스림(調御조어)으로

위여래 이무상조어
謂如來 以無上調御

四魔사마
를 항복 받아 일체 세간을 벗어나고

항복사마 출일체세간
降伏四魔 出一切世間

※ (사마 : 네 가지 마구니. ①마음을 어지럽히는 번뇌마煩惱魔 ②갖가지 고통을 불러)
(들이는 오음마五陰魔 ③목숨을 앗아가는 사마死魔 ④수행을 방해하는 천마天魔)

일체 중생이 우러러 받드는 부사의한 法身법신을
얻으시나이다.

위일체중생지소첨앙 득부사의법신
爲一切衆生之所瞻仰 得不思議法身

일체 법의 相상에 걸림이 없는 法自在법자재를 얻어

어일체이염지 득무애법자재
於一切爾焰地 得無礙法自在

더 이상 무엇을 보태거나 얻을 것이 없는 경지
에 계시옵니다.

어상갱무소작 무소득지
於上更無所作 無所得地

용맹스러운 十力십력(부처님만이 가진 열 가지 힘)으로 제일이요 위없
는 무외(두려움 없음)의 경지에 올라

십력용맹 승어제일무상무외지지
十力勇猛 昇於第一無上無畏之地

일체 법의 상을 걸림 없는 지혜로 관찰하되

일체이염 무애지관
一切爾焰 無礙智觀

남의 힘을 빌리지 않고

불유어타
不由於他

후생에 몸을 받지 않는 지혜로써 사자후를 하십니다.

불 수 후 유 지   사 자 후
不受後有智 師子吼

② 세존이시여

세 존
世尊

아라한과 벽지불은

아 라 한 벽 지 불
阿羅漢辟支佛

생사의 두려움에서 벗어나 점차 해탈의 낙을 얻고는 생각합니다.

도 생 사 외   차 제 득 해 탈 락   작 시 념
度生死畏 次第得解脫樂 作是念

'나는 생사에 대한 공포를 떠났고

아 이 생 사 공 포
我離生死恐怖

생사의 고통을 받지 않는다.'

불 수 생 사 고
不受生死苦

세존이시여

세 존
世尊

아라한과 벽지불이 관찰을 하여

아 라 한 벽 지 불   관 찰 시
阿羅漢辟支佛 觀察時

후생에 몸을 받지 않음을 보게 되면

득 불 수 후 유
得不受後有

제일의 소식처(휴식처/안식처)인 열반의 경지를 관하게 됩니다.

소 식 처
蘇息處

관 제 일 소 식 처 열 반 지
觀第一蘇息處涅槃地

세존이시여

세 존
世尊

마지막 안식처의 전 단계에 있는 그들은

법에 대해 어둡지 않으므로

남의 힘을 빌리지 않고

아직 수행해야 할 지위가 있음을 스스로 알아서

반드시 아뇩다라삼먁삼보리를 얻고자 합니다.

왜냐하면 성문승과 연각승 모두가 대승으로 들어가기 때문이니

대승이 곧 불승이옵니다.

그러므로 삼승이 곧 일승이요

일승을 얻으면 아뇩다라삼먁삼보리를 얻게 됩니다.

아뇩다라삼먁삼보리가 곧 열반계(열반의 세계/열반의 경지)요

열반계가 곧 여래의 법신이며

피 선 소 득 지
彼先所得地

불 우 어 법
不愚於法

불 유 어 타
不由於他

역 자 지 득 유 여 지
亦自知得有餘地

필 당 득 아 뇩 다 라 삼 먁 삼 보 리
必當得阿耨多羅三藐三菩提

하 이 고   성 문 연 각 승   개 입 대 승
何以故 聲聞緣覺乘 皆入大乘

大乘   佛乘
대 승 자   즉 시 불 승
大乘者 即是佛乘

三乘   一乘
시 고   삼 승 즉 시 일 승
是故 三乘即是一乘

득 일 승 자   득 아 뇩 다 라 삼 먁 삼 보 리
得一乘者 得阿耨多羅三藐三菩提

涅 槃 界
아 뇩 다 라 삼 먁 삼 보 리 자   즉 시 열 반 계
阿耨多羅三藐三菩提者 即是涅槃界

法 身
열 반 계 자   즉 시 여 래 법 신
涅槃界者 即是如來法身

구경 법신을 얻음이 곧 구경 일승이니

得究竟法身者 則究竟一乘

다른 여래도 없고 다른 법신도 없나이다.

無異如來 無異法身

여래가 곧 법신이요

如來卽是法身

구경 법신을 얻음이 곧 구경 일승이니

得究竟法身者 則究竟一乘

구경은 곧 가없고 끊어짐 없는 영원함이옵니다.

究竟者 卽是無邊不斷

12) 여래가 곧 삼귀의

세존이시여

世尊

여래는 시간에 제한됨이 없이 머무는 분이기에

如來無有限齊時住

여래·응공·등정각은 한없는 미래와 함께 머무시옵니다.

如來應等正覺 後際等住

여래는 제한이 없고 대비 또한 제한이 없기에

여래무한제 대비역무한제
如來無限齊 大悲亦無限齊

세간을 위로하고 안락하게 하옵니다. 안위세간
安慰世間
한없는 대비로 한없는 세간을 위로하고 안락
하게 하옵니다. 무한대비 무한안위세간
無限大悲 無限安慰世間

이와 같이 설하면 여래에 대해 잘 설하는 이라
할 것입니다. 작시설자 시명선설여래
作是說者 是名善說如來
또한 무진법(다함이 없는 법)과 상주법(언제나 있는 법)이 일체 세간
無盡法　　　　　常住法
의 귀의처라고 하면
약부설언 무진법 상주법 일체세간지소귀의자
若復說言 無盡法 常住法 一切世間之所歸依者

여래에 대해 잘 설하는 이라 할 것입니다.
역명선설여래
亦名善說如來

그러므로 아직 제도하지 못한 세간과 의지처
가 없는 세간에 대해 시고 어미도세간 무의세간
是故 於未度世間 無依世間
미래가 다하도록 다함 없는 귀의처요 상주하
는 귀의처가 되는 이를
여후제등 작무진귀의 상주귀의자
與後際等 作無盡歸依 常住歸依者

여래·응공·등정각이라 하옵니다.

위여래응등정각야
謂如來應等正覺也

법은 곧 일승도를 말함이요
법자 즉시설일승도
法者 卽是說一乘道

승은 삼승의 대중들[衆]이니
승자 시삼승중
僧者 是三乘衆

이 두 가지에 귀의하는 이귀의는 구경의 귀의
가 아니기에
차이귀의 비구경귀의
此二歸依 非究竟歸依

부분적인 귀의[少分歸依]라 하옵니다.
명소분귀의
名少分歸依

왜냐하면 일승의 도법을 설한 것은 구경의 법
신을 얻게 하기 위함일 뿐

하이고 설일승도법득구경법신
何以故 說一乘道法得究竟法身

법신 위에 다시 일승을 말할 필요가 없기 때
문입니다.
어상갱무설일승법신
於上更無說一乘法身

삼승의 대중들은 두려움이 있기 때문에

삼승중자 유공포
三乘衆者 有恐怖

여래께 귀의하고 열심히 도를 닦아 아뇩다라
삼먁삼보리로 향하옵니다.

귀의여래 구출수학 향아뇩다라삼먁삼보리
歸依如來 求出修學 向阿耨多羅三藐三菩提

그러므로 이 법과 승에만 귀의하는 것은 구경
의 귀의가 아니라 한계가 있는 귀의가 되옵니
다.

시고 이의 비구경의 시유한의
是故 二依 非究竟依 是有限依

만약 어떤 중생이

약유중생
若有衆生

여래의 조복을 받아

여래조복
如來調伏

여래께 귀의하고

귀의여래
歸依如來

법의 은혜에 흠뻑 젖어서

득법진택
得法津澤

믿고 즐기는 마음을 내어

생신락심
生信樂心

법과 승에 귀의하면

귀의법승
歸依法僧

이 이귀의는 앞서 말한 법과 승에 대한 귀의가
아니라 여래께 귀의하는 것이요

시이귀의 비차이귀의 시귀의여래
是二歸依 非此二歸依 是歸依如來

제일의(가장 높은 구경의 진리)에 귀의함도 여래께 귀의하는
것이니

귀의제일의자 시귀의여래
歸依第一義者 是歸依如來

이 이귀의와 제일의는 바로 구경인 여래께 귀
의하는 것이옵니다.

차이귀의제일의 시구경귀의여래
此二歸依第一義 是究竟歸依如來

그 까닭이 무엇인가?

<ruby>何以故<rt>하 이 고</rt></ruby>

다른 여래가 없고 다른 이귀의가 없기 때문이니

<ruby>無異如來 無異二歸依<rt>무 이 여 래   무 이 이 귀 의</rt></ruby>

여래가 곧 삼귀의입니다.

<ruby>如來即三歸依<rt>여 래 즉 삼 귀 의</rt></ruby>

왜냐하면 설하신 일승도가

<ruby>何以故 說一乘道<rt>하 이 고   설 일 승 도</rt></ruby>

여래께서 사무외(다른 이의 비난에 대해 전혀 두려움이 없는 부처님의 네 가지 지혜)를 성취한 다음에 설하신 사자후이기 때문입니다.

<ruby>如來四無畏成就 師子吼說<rt>여 래 사 무 외 성 취   사 자 후 설</rt></ruby>

만약 여래께서 중생들의 바라는 바에 따라 방편을 설하시면 그것은 곧 대승이옵니다.

<ruby>若如來隨彼所欲 而方便說 即是大乘<rt>약 여 래 수 피 소 욕   이 방 편 설   즉 시 대 승</rt></ruby>

삼승은 따로 없습니다.

<ruby>無有三乘<rt>무 유 삼 승</rt></ruby>

삼승은 일승에로 들어가며

<ruby>三乘者 入於一乘<rt>삼 승 자   입 어 일 승</rt></ruby>

일승은 곧 제일의승이옵니다."

<ruby>一乘者 即第一義乘<rt>일 승 자   즉 제 일 의 승</rt></ruby>

無 邊 聖 諦 章
제6 무변성제장
가없이 성스러운 깨달음

"세존이시여 _{世 尊}世尊

성문과 연각의 初觀聖諦 초관성제(대승에 들어가기 전에 처음 관하는 사성제)는

성 문 연 각 초 관 성 제
聲聞緣覺 初觀聖諦

하나의 지혜(지음이 있고 한량이 있는 유작제有作諦에서 생긴 지혜)로써 여러 주지(住地 번뇌가 일

어나는 곳. 번뇌의 의지처)를 끊나이다.

이 일 지 단 제 주 지
以一智斷諸住地

하나의 지혜로써 네 가지

이 일 지 사
以一智四

곧 고를 알아〔知〕집을 끊고〔斷〕도를 닦은 공덕

으로 멸을 증득하는

단 지 공 덕 작 증
斷知功德作證

네 가지 법(유작 사성제)의 도리를 잘 아는 것이옵니

다.
역 선 지 차 사 법 의
亦善知此四法義

① 세존이시여
世尊^{세 존}

출세간상상지(_{세간을 벗어난}
_{가장 높은 지혜})에는 네 가지 지혜(_{사성제}
_{의 지혜})

가 점차로 이루어지거나 네 가지 연(_{사성제}
_{의 인연})이

점차로 다가옴이 없사오니

무 유 출 세 간 상 상 지 사 지 점 지 급 사 연 점 지
無有 出世間上上智 四智漸至及四緣漸至

점지법(_{점차로}
_{성취됨})이 없는 것이 출세간상상지입니

다.

무 점 지 법 시 출 세 간 상 상 지
無漸至法 是出世間上上智

② 세존이시여
世尊^{세 존}

금강은 제일의지(_{가장 높고}
_{참된 지혜})에 대한 비유입니다.

금 강 유 자 시 제 일 의 지
金剛喻者 是第一義智

세존이시여
世尊^{세 존}

무명주지를 끊지 못하는 성문과 연각의 초성

제지(_{사성제를 관하여}
_{처음 얻는 지혜})는 제일의지가 아니옵니다.

비 성 문 연 각 부 단 무 명 주 지 초 성 제 지 시 제 일 의 지
非 聲聞緣覺 不斷無明住地 初聖諦智 是第一義智

③ 세존이시여

무이성제지(_{둘이 없는
성제의 지혜})라야 갖가지 주지(_{번뇌의
의지처})들을 끊어 버리옵니다.

無二聖諦智

以無二聖諦智 斷諸住地

세존이시여

世尊

일체 성문이나 연각의 경계가 아닌 여래·응공·등정각께서는

如來應等正覺 非一切聲聞緣覺境界

부사의공지(_{불가사의한
공의 지혜})로 일체의 번뇌장(_{번뇌의
종자들})을 끊어 버리옵니다.

不思議空智 斷一切煩惱藏

④ 세존이시여

世尊

일체 번뇌장이 없어진 구경지(_{궁극의
지혜})를 제일의지라 이름하오니

若壞一切煩惱藏 究竟智 是名第一義智

초성제지는 구경지가 아니라

初聖諦智 非究竟智

아뇩다라삼먁삼보리로 향하고 있는 지혜일 뿐이옵니다.

向阿耨多羅三藐三菩提智

세존이시여

世尊

성스러운 진리(聖義)는 일체 성문과 연각에게는
해당이 되지 않나이다.

성의자 비일체성문연각
聖義者 非一切聲聞緣覺

성문과 연각은 유량공덕(有量功德)(한계가 있는 공덕)을 성취하고

성문연각 성취유량공덕
聲聞緣覺 成就有量功德

성문과 연각은 소분공덕(少分功德)(조그마 한 공덕)을 성취하기 때문에

성문연각 성취소분공덕고
聲聞緣覺 成就少分功德故

성이라는 칭호를 붙여는 주지만

명지위성
名之爲聖

성제(聖諦)(성스러운 진리)는 성문 연각이 깨달은 진리가 아니며 성문 연각의 공덕도 아니옵니다.

성제자 비성문연각제 역비성문연각공덕
聖諦者 非聲聞緣覺諦 亦非聲聞緣覺功德

세존이시여

세존
世尊

이 성제는 여래·응공·등정각께서 비로소 깨달아 안 다음에

차제 여래응등정각 초시각지 연후
此諦 如來應等正覺 初始覺知 然後

무명의 껍질에 싸여 있는 세간(無明殼藏世間)을 위해

위무명각장세간
爲無明殼藏世間

열어 보이고 설하시는 것이기에

개현연설
開現演說

성제라고 이름하는 것이옵니다."

시고명성제
是故名聖諦

제7 여래장장 如來藏章

성제는 여래장 법문

"성제(聖諦, 성스러운 진리. 깨달음)는 매우 깊은 도리를 설하고 있어

성제자설심심의 聖諦者說甚深義

미세한 데까지 알기가 어렵고

미세난지 微細難知

생각으로 헤아릴 수 있는 경계가 아닙니다.

비사량경계 非思量境界

지자(智者, 지혜 있는 사람)만이 알 수 있을 뿐

비지자소지 是智者所知

일체 세간에서는 능히 믿지 못합니다.

일체세간 소불능신 一切世間 所不能信

왜냐하면 성제(聖諦)는 심심여래지장(甚深如來之藏, 아주 깊이 감추어져 있는 여래)에 대

해 설하고 있기 때문입니다.

하이고 차설심심여래지장
何以故 此說甚深如來之藏

여래장(번뇌 속에 감추어져 있는 여
래. 본래의 맑고 깨끗한 법신)은 여래의 경계로

여래장자 시여래경계
如來藏者 是如來境界

어떤 성문도 연각도 알 수 있는 경계가 아닙니다.

비일체성문연각소지
非一切聲聞緣覺所知

여래장처(여래장의
자리)에서 성제의 도리를 설하시나니

여래장처 설성제의
如來藏處 說聖諦義

여래장처가 매우 깊기 때문에

여래장처심심고
如來藏處甚深故

성제를 설함 또한 매우 깊어

설성제역심심
說聖諦亦甚深

미세한 데까지 알기가 어렵고

미세난지
微細難知

생각으로 헤아릴 수 있는 경계가 아닙니다.

부사량경계
非思量境界

지자만이 알 수 있을 뿐

시지자소지
是智者所知

일체 세간에서는 능히 믿지 못하옵니다."

일체세간 소불능신
一切世間 所不能信

제8 법신장
法身章
여래의 법신

1) 여래장과 법신

"만약 무량한 번뇌장^{煩惱藏}에 감싸여 있는 여래장^{如來藏}에 대해 의혹을 내지 않는다면

若於無量煩惱藏 所纏如來藏 不疑惑者

약어무량번뇌장 소전여래장 불의혹자

무량한 번뇌장을 벗어난 법신^{法身}에 대해서도 의혹이 없게 됩니다.

於出無量煩惱藏法身 亦無疑惑

어출무량번뇌장법신 역무의혹

여래장과

於說如來藏

어설여래장

여래의 법신과

如來法身

여래법신

불가사의한 부처님의 경계와

不思議佛境界

부사의불경계

방편설에 대해 **及方便說**

마음으로 확신을 얻은 이는 **心得決定者**

이성제(두가지 성제)에 대한 설법을 믿고 이해하옵니다.

此則信解說二聖諦

2) 두 가지 사성제

이와 같이 알기 어렵고 설하기 어려운 것이

如是 難知難解者

이성제의 도리를 설함이니 **謂說二聖諦義**

어떤 것이 이성제의 도리를 설함이오니까?

何等爲說二聖諦義

작성제(지음이 있는 성제)의 도리를 설하는 것과

謂說作聖諦義

무작성제(지음이 없는 성제)의 도리를 설하는 것이옵니다.

說無作聖諦義

① 작성제의 도리를 설함이란 유량사성제(한량 이 있

有量四聖諦

는 사
성제)를 설함입니다. 說作聖諦義者 是說有量四聖諦
설 작 성 제 의 자　시 설 유 량 사 성 제

그 까닭이 무엇인가? 何以故
하 이 고

남〔他〕으로 인해서는 능히 非因他能
비 인 타 능

일체의 고를 알지 못하고 知一切苦
지 일 체 고

일체의 집을 끊지 못하고 斷一切集
단 일 체 집

일체의 멸을 증득하지 못하고 證一切滅
증 일 체 멸

일체의 도를 닦지 못하기 때문입니다. 修一切道
수 일 체 도

이 때문에 세존이시여 是故 世尊
시 고 세 존

有爲生死
유위생사(나고 멸함이 있는 범부의 생
사. 분단생사分段生死라고 함.)와 有有爲生死
유 유 위 생 사

無爲生死
무위생사(조작이 없고 함이 없는 불보
살의 생사. 변역생사變易生死.)가 있나이다. 無爲生死
무 위 생 사

열반 또한 이와 같아서 涅槃亦如是
열 반 역 여 시

有餘涅槃
유여열반(번뇌는 다 끊었으나 업보로 받
은 몸이 남아 있는 상태의 열반)과 有餘
유 여

無餘涅槃
무여열반(업신마저 모두 사
라진 완전한 열반)이 있나이다. 及無餘
급 무 여

②무작성제(지음이 없
는 성제)의 도리를 설함이란 무량사
無量四
무 량 사

성제(한량이 없
는 사성제)의 도리를 설함입니다.
聖諦
성 제

說無作聖諦義者 說無量四聖諦義
설 무 작 성 제 의 자　설 무 량 사 성 제 의

그 까닭이 무엇인가?　何以故 ^{하이고}

능히 스스로의 힘으로　能以自力 ^{능이자력}

일체의 고를 받아들여〔受苦〕 알고　知一切受苦 ^{지일체수고}

일체의 집을 받아들여〔受集〕 끊고　斷一切受集 ^{단일체수집}

일체의 멸을 받아들여〔受滅〕 증득하고　證一切受滅 ^{증일체수멸}

일체의 멸도를 받아들여〔受滅道〕 닦기 때문입니다.　修一切受滅道 ^{수일체수멸도}

이와 같은 여덟 가지 성제(유작·무작 사성제)로　如是八聖諦 ^{여시팔성제}

여래께서는 사성제를 설하옵니다.　如來說四聖諦 ^{여래설사성제}

3) 온전한 사성제

이 네 가지 무작성제(無作聖諦)의 도리는　如是四無作聖諦義 ^{여시사무작성제의}

오직 여래·응공·등정각만이 끝마치신 일이요　唯如來應等正覺事究竟 ^{유여래응등정각사구경}

아라한이나 벽지불은 끝마칠 수 있는 일이 아니옵니다.　阿羅漢辟支佛事究竟 ^{아라한벽지불사구경}

그 까닭이 무엇인가?
何以故^{하 이 고}

하·중·상 등의 차별적인 법으로는 열반을 얻지 못하기 때문이니
非下中上法得涅槃^{비 하 중 상 법 득 열 반}

여래·응공·등정각은 무작사성제의 도리로 일을 끝마쳤기 때문입니다.
如來應等正覺 於無作四聖諦義事究竟^{여 래 응 등 정 각   어 무 작 사 성 제 의 사 구 경}

곧 일체 여래·응공·정등각은
以一切如來應等正覺^{이 일 체 여 래 응 등 정 각}

미래의 일체 고(苦)를 알고
知一切未來苦^{지 일 체 미 래 고}

모든 번뇌와 상번뇌(上煩惱)를 섭수하는 일체의 집(集)을 끊고
斷一切煩惱上煩惱 所攝受一切集^{단 일 체 번 뇌 상 번 뇌   소 섭 수 일 체 집}

모든 의생신(意生身)(뜻에 따라 마음대로 태어나는 보살의 몸)의 오음(五陰)(색·수·상·행·식)을 멸하여
滅一切意生身陰^{멸 일 체 의 생 신 음}

일체 고(苦)를 멸한 깨달음을 얻었기 때문입니다.
一切苦滅作證^{일 체 고 멸 작 증}

세존이시여
世尊^{세 존}

법(法)이 무너진다고 하여 고(苦)가 멸하는 것은 아니

옵니다.

비 괴법고 명위고멸
非 壞法故 名爲苦滅

고가 멸한다고 함은

소언고멸 자
所言苦滅者

시작도 없고 지음도 없고 일어남도 없고 다함도 없음이요

명 무시 무작 무기 무진
名 無始 無作 無起 無盡

이 다함 등을 떠나 항상 있는 청정 자성(곧 여래장)은

무진 상주 자성 청정
離盡常住自性淸淨

일체의 번뇌장을 떠나 있사옵니다.

이 일체번뇌장
離一切煩惱藏

세존이시여

세 존
世尊

항하사보다 더 많은

과 어항 사
過於恒沙

불리(떠나지 않음)·불탈(벗어나지 않음)·불이(다르지 않음)의 부사의한 불법을 성취하는 것을 여래법신이라 하오며

불리 불탈 불이 부사의불법성취 설여래법신
不離 不脫 不異 不思議佛法成就 說如來法身

세존이시여

세 존
世尊

이 여래법신이 번뇌장을 떠나지 않고 있는 것을 여래장이라 이름하옵니다."

여시여래법신 불난번뇌장 명여래장
如是如來法身 不離煩惱藏 名如來藏

제9 공의은부진실장
空義隱覆眞實章

....

공의 도리에 숨겨진 여래장의 진실

1) 여래장과 번뇌

"세존이시여 世尊

여래장지 如來藏智 (여래장의 지혜)는 여래공지 如來空智 (여래의 공한 지혜)이옵니다.

如來藏智 是如來空智
여래장지 시여래공지

세존이시여 世尊

이 여래장은 일체의 아라한과 벽지불과 대력 보살이

如來藏者 一切阿羅漢辟支佛大力菩薩
여래장자 일체아라한벽지불대력보살

본래 보지도 못하고 본래 얻지도 못하는 것이 옵니다.

本所不見 本所不得
본소불견 본소부득

세존이시여

여래장공지(^{여래장의} 공한 지혜)에는 두 가지가 있나이다.
<ruby>如來藏空智</ruby>

有二種如來藏空智

세존이시여

① 공여래장은 일체의 번뇌장을 떠나 있고[離]

벗어나 있고[脫] 번뇌장과 다른 것[異]이옵니다.

空如來藏 若離若脫若異一切煩惱藏

세존이시여

② 불공여래장은 항하사보다 더 많은 번뇌장을 떠나지 않았고[不離] 벗어나지 않았고[不脫] 다르지 않은[不異] 부사의한 불법이옵니다.

不空如來藏 過於恒沙 不離 不脫 不異 不思議佛法

2) 이승二乘과 여래장

세존이시여

이 두 가지 공지(공여래장과 불공여래장)가 있기 때문에 대성문(사리불 등 의 큰 제자)들이 여래를 능히 믿을 수 있게 되오며

차 이 공 지　제 대 성 문　능 신 여 래
此二空智 諸大聲聞 能信如來

일체 아라한과 벽지불의 공지(空智)(아직 공에 집착하고 있는 지혜)로는

사부전도(四不顚倒)(네 가지 전도되지 않은 열반의 사덕인 곧 상·낙·아·정을 무상·고·무아·부정으로 이해함)의　경계에서

맴돌뿐입니다.

일 체 아 라 한 벽 지 불　공 지　어 사 부 전 도 경 계 전
一切阿羅漢辟支佛 空智 於四不顚倒境界轉

그러므로 이 여래장을 일체 아라한과 벽지불은

시 고 일 체 아 라 한 벽 지 불
是故一切阿羅漢辟支佛

본래 보지도 못하고 본래 얻지도 못하는 것입니다.

본 소 불 견　본 소 부 득
本所不見 本所不得

일체 고를 멸함〔苦滅〕은 오직 부처님만이 증득하오니

일 체 고 멸　유 불 득 증
一切苦滅 唯佛得證

모든 번뇌장을 무너뜨려 일체 고를 멸하는 도〔滅苦道〕를 닦으셨나이다."

괴 일 체 번 뇌 장　수 일 체 멸 고 도
壞一切煩惱藏 修一切滅苦道

제10 일제장
一 諦 章

하나의 성제

"세존이시여
世尊

이 사성제 가운데 셋은 무상하고 하나는 항
四聖諦   無常

상하옵니다.
此四聖諦 三是無常 一是常

왜냐하면 삼제(고제·집제·도제)는 유위상(잠시 화합하여 만들어진 상相)에 속
三諦   有爲相

하기 때문이니
何以故 三諦入有爲相

유위상에 속한 것은 무상하고
入有爲相者 是無常
無常

무상한 것은 허망법이며
無常   虛妄法
無常者是 虛妄法

허망법은 진리(제諦)가 아니요 상이 아니요 의지
諦   常

처(의依)가 아닙니다.
의   허망법자 비제비상비의
虛妄法者 非諦非常非依

그러므로 고제·집제·도제는
제일의제(第一義諦)가 아니요
상(常)이 아니요
의지처가 아니옵니다."

是故苦諦集諦道諦
시고고제집제도제

非第一義諦
비제일의제

非常
비상

非依
비의

제11 일의장 一依章

단 하나의 의지처는 멸제

"오직 고멸제(苦滅諦) 하나만이 유위상(有爲相)을 떠났으니

一苦滅諦 離有爲相

유위상을 떠난 것은 상(常)하고

離有爲相者 是常

상(常)한 것은 허망법(虛妄法)이 아니며

常者 非虛妄法

허망하지 않은 법은 진리(諦)요 상(常)이요 의지처(依)입니다.

非虛妄法者 是諦是常是依

그러므로 멸제(滅諦)만이 제일의제(第一義諦)이옵니다."

是故滅諦 是第一義

제12 전도진실장
顚倒眞實章

전도된 견해와 진실한 견해

---

1) 상견常見과 단견斷見

"불가사의한 이 멸제滅諦는

> 不思議是滅諦 (부사의시멸제)

일체 중생의 심식心識(무명에 의한 물든 마음과 생각들)과 연하는 바緣〔所緣〕를 넘어섰고

> 過一切衆生心識所緣 (과일체중생심식소연)

일체 아라한과 벽지불의 지혜로 알 수 있는 경계도 아닙니다.

> 亦非一切阿羅漢辟支佛智慧境界 (역비일체아라한벽지불지혜경계)

마치 선천적인 맹인이 빛깔과 형체〔色〕들을 보지 못하는 것과 같고

> 譬如生盲 不見衆色 (비여생맹 불견중색)

태어난 지 7일 밖에 되지 않은 갓난아기가 햇

빛을 보지 못하는 것과 같습니다.

七日嬰兒 不見日輪
_{칠일영아 불견일륜}

고멸제도 이와 같아서 일체 범부의 심식(마음과 의식)과 연하는 바가 아니요

苦滅諦者 亦復如是 非一切凡夫心識所緣
_{고멸제자 역부여시 비일체범부심식소연}

이승(아라한과 벽지불)의 지혜로 알 수 있는 경계가 아니옵니다.

亦非二乘智慧境界
_{역비이승지혜경계}

범부의 식(의식 생각)은 전도되어 있는 이견(양극단으로 나뉜 견해. 변견邊見이라고도 함)이요

凡夫識者 二見顚倒
_{범부식자 이견전도}

일체 아라한과 벽지불의 지혜는 곧 청정입니다.

一切阿羅漢辟支佛智者 則是清淨
_{일체아라한벽지불지자 즉시청정}

변견(중도의 견해가 아닌 한쪽으로 치우친 견해. 곧 이견)이란

邊見者
_{변견자}

범부들이 오수음(색·수·상·행·식의 활동. 곧 육체적 정신적인 움직임)을 '나'라고 하면서 망상으로 헤아리고 집착하여 생겨나는 두 가지 잘못된 견해입니다.

凡夫 於五受陰 我見妄想計著 生二見
_{범부 어오수음 아견망상계착 생이견}

이것을 변견이라 이름하는데 是名邊見

상견(변함없는 영원한 본질 이 있다고 보는 견해)과 단견(모두가 없어지고 허무 한 것이라고 보는 견해)이 그것 所謂常見斷見

입니다.

제행무상하다(모든 것이 무상하다)고 보는 것은 단견(단멸한다고 보는 견해)

이지 정견이 아닙니다. 見諸行無常 是斷見非正見

열반이 항상하다고 보는 것은 상견(항상하다고 보는 견해)이지

정견이 아닙니다. 見涅槃常 是常見非正見

망상을 고집하기 때문에 이와 같은 단견과 상

견을 짓게 될 뿐이옵니다. 妄想見故 作如是見

몸의 여러 감각기관〔六根〕으로 분별하고 사유

하되 於身諸根 分別思惟

현재의 것이 무너지는 것만을 볼 뿐 現法見壞

계속 이어지는 것이 있음을 보지 못하여 단견

을 일으킵니다. 於有相續不見 起於斷見

망상을 고집하기 때문입니다. 妄想見故

마음이 끊임없이 이어짐〔心相續〕에 대해 어리석

고 어둡고 이해하지도 알지도 못하여

어심상속 우암불해부지
於心相續 愚闇不解不知

찰나 사이의 의식 경계들(변화하는 생각들)에 대해 상견을 일으킵니다.

찰나간의식경계 기어상견
刹那間意識境界 起於常見

망상을 고집하기 때문입니다.

망상견고
妄想見故

이렇듯 망상을 고집하기 때문에

차망상견
此妄想見

저 진실한 도리에 대해 지나치거나 모자란다고 하면서

어피의 약과약불급
於彼義 若過若不及

전혀 다른 생각으로 분별하여 단이다·상이다 하는 것이옵니다.

작이상분별 약단약상
作異想分別 若斷若常

전도된 중생은 저 오수음(五受陰)이

전도중생 어오수음
顚倒衆生 於五受陰

무상(無常)한데도 상(常)이라 생각하고

무상상상
無常常想

고(苦)인데도 낙(樂)이라 생각하고

약유낙상
苦有樂想

무아(無我)인데도 아(我)라 생각하고

무아아상
無我我想

부정(不淨)한데도 정(淨)이라 생각합니다.

부정정상
不淨淨想

일체 아라한과 벽지불의 청정한 지혜로도

아 라 한 벽 지 불 정 지 자
阿羅漢辟支佛淨智者

일체지(^{一 切 智} 모든 것을 다 아는 지혜)의 경계와 여래의 법신을 본래 보지 못하나이다.

어 일 체 지 경 계 급 여 래 법 신   본 소 불 견
於一切智境界及如來法身　本所不見

2) 정견正見

어떤 중생이 부처님의 말씀을 믿고서

혹 유 중 생   신 불 어 고
或有衆生　信佛語故

상·낙·아·정이라는 생각을 일으킨다면

기   상 상   낙 상   아 상   정 상
起　常想　樂想　我想　淨想

전도견(^{顚 倒 見} 뒤바뀐 견해)이 아닌 정견이라 이름하옵니다.

비 전 도 견   시 명 정 견
非顚倒見　是名正見

왜냐하면 여래의 법신이

하 이 고   여 래 법 신
何以故　如來法身

상바라밀이요

시 상 바 라 밀
是常波羅蜜

낙바라밀이요

낙 바 라 밀
樂波羅蜜

아바라밀이요

아 바 라 밀
我波羅蜜

정바라밀이기 때문이니

정 바 라 밀
淨波羅蜜

부처님의 법신을 상·낙·아·정으로 보게 되면

정견이라 이름하옵니다.

어불법신 작시견자 시명정견
於佛法身 作是見者 是名正見

정견을 하는 이는

正見者

정견자
正見者

부처님의 진짜 아들〔佛眞子〕이니

시불진자
是佛眞子

부처님의 입에서 태어났고

종불구생
從佛口生

부처님 정법에서 태어났고

종정법생
從正法生

법을 좇아 화생하였기에

종법화생
從法化生

법의 재물들을 모두 얻게 되옵니다.

득법여재
得法餘財

세존이시여

세존
世尊

청정한 지혜란 일체 아라한과 벽지불의 지

바라밀입니다.

정지자 일체아라한벽지불 지바라밀
淨智者 一切阿羅漢辟支佛 智波羅蜜

이 청정한 지혜가 비록 청정한 지혜이기는 하
나

차정지자 수왈정지
此淨智者 雖曰淨智

저 멸제의 경계(경지)는 오히려 아니옵니다.

어피멸제 상비경계
於彼滅諦 尚非境界

그런데도 여래께서는 사의지(四依智 사성제에 의 지하는 지혜)를 설하고 있나이다.

況四依智 (황사의지)

그 까닭이 무엇인가?

何以故 (하이고)

처음 삼승을 닦는 이들 가운데 법에 어둡지 않은 이라면

三乘初業 不愚於法 (삼승초업 불우어법)

반드시 그 뜻을 깨닫고 얻게 될 것이기 때문에

於彼義當覺當得 (어피의당각당득)

그러한 이들을 위해 세존께서는 사의(四依 사성제)를 설하신 것입니다.

爲彼故 世尊說四依 (위피고 세존설사의)

세존이시여

世尊 (세존)

이 네 가지 의지처(四依)인 사성제는 세간법이옵니다.

此四依者 是世間法 (차사의자 시세간법)

세존이시여

世尊 (세존)

한 가지 의지처(一依)만이 일체의 의지처 중 가장 윗자리요

一依者 一切依止上 (일의자 일체의지상)

출세간보다 훨씬 높은 제일의의 의지처이니

出世間上上 第一義依

멸제가 바로 그것이옵니다."

所謂滅諦

제13 자성청정장

自 性 淸 淨 章

본바탕의 깨끗한 마음

1) 생사와 여래장

"세존이시여

世尊

생사는 여래장에 의지하며

生死者 依如來藏

여래장이기 때문에 그 본제(시작된 시점)를 가히 알지

本際

못한다고 설합니다.

以如來藏故 說本際不可知

세존이시여

世尊

여래장이 있기 때문에 생사가 있다고 한다면

잘 설한 것이옵니다.

有如來藏故 說生死 是名善說

세존이시여
생사의 생과 사는 世尊

生死 生死者

여러 가지를 받아들이던 근(감각기관. 곧 눈· 귀·코·혀·몸·뜻)들이 없

어지고(사死를 뜻함) 諸受根沒

받아들임이 없었던 근들이 이어서 일어남이니(

생生을 뜻함) 次第不受根起

이것을 생사라고 이름합니다. 是名生死

세존이시여
世尊

사와 생, 이 두 가지 법이 바로 여래장이니 如來藏

死生者 此二法 是如來藏

세간의 말로 표현하여 사가 있다[有死] 생이 있

다[有生]고 하는 것이옵니다. 世間言說故 有死有生

사는 근(감각 기관)들의 무너짐이요 死者謂根壞

생은 새로운 근들이 일어남일 뿐 生者新諸根起

여래장에는 생이 있고 사가 있는 것은 아니옵

니다. 非如來藏有生有死

여래장은 유위상(有爲相 함이 있는 인위적인 모습)을 떠났고

如來藏者 離有爲相

여래장은 상주불변(常住不變)한 것입니다.

如來藏 常住不變

그러므로 여래장이 의지처[依]요 유지처[持]요 건립처[建立]가 되옵니다.

是故 如來藏是依 是持 是建立

세존이시여

世尊

불리(不離 떠나지 않음) 부단(不斷 끊어지지 않음) 불탈(不脫 벗어나지 않음) 불이(不異 달라지지 않음)의 부사의한 것이 불법이요

不離 不斷 不脫 不異 不思議佛法

세존이시여

世尊

끊어지고[斷] 벗어나고[脫] 달라지고[異] 바깥에 있는[外] 유위법의 의지처요 유지처요 건립처가 되는 것이 바로 여래장이옵니다.

斷脫異外 有爲法 依持建立者 是如來藏

세존이시여　　　　　　　　　　　　　　　　世尊

만약 여래장이 없다면　　　　　　　　약무여래장자
　　　　　　　　　　　　　　　　　若無如來藏者

괴로움을 싫어하지도 않고 즐겨 열반을 구하
려 하지도 않게 되옵니다.　　부득염고낙구열반
　　　　　　　　　　　　　　不得厭苦樂求涅槃

그 까닭이 무엇인가?　　　　　　　하이고
　　　　　　　　　　　　　　　　何以故

육식과 심법지(제7식)라는 이 일곱 가지 법은 찰
나도 머물지 않기 때문에

어차육식　급심법지　차칠법　찰나부주
於此六識　及心法智　此七法　刹那不住

괴로움의 종자가 되지 못하고　　　부종중고
　　　　　　　　　　　　　　　　不種衆苦

괴로움을 싫어하지도 즐겨 열반을 구하려 하
지도 않나이다.　　　　　　　부득염고낙구열반
　　　　　　　　　　　　　不得厭苦樂求涅槃

2) 자성청정심

세존이시여　　　　　　　　　　　　　　　　世尊

여래장은 전제(과거)가 없고　　　여래장자　무전제
　　　　　　　　　　　　　　　如來藏者　無前際

일어나지도 멸하지도 않는 법이지만 불기불멸법
　　　　　　　　　　　　　　　　不起不滅法

갖가지 괴로움의 종자를 심어　　　종제고
　　　　　　　　　　　　　　　　種諸苦

괴로움을 싫어하게 하고 즐겨 열반을 구하도록 합니다. _{득 염 고} _{낙 구 열 반}
得厭苦 樂求涅槃

세존이시여 _{세 존}
世尊

여래장은 아도 아니요 중생도 아니요 수명도 아니요 인도 아니옵니다.(아·중생·수명·인은 곧 아상·중생상·수명상·인상의 사상四相을 나타냄)

_{여 래 장 자 비 아 비 중 생 비 명 비 인}
如來藏者 非我 非衆生 非命 非人

여래장은
신견(이 몸에 고유한 나가 있다는 생각)에 빠진 중생이나 _{여 래 장 자}
如來藏者

_{타 신 견 중 생}
墮身見衆生

전도된 중생이나 _{전 도 중 생}
顚倒衆生

공으로 인해 혼란에 빠진 중생들의 경계가 아니옵니다. _{공 란 의 중 생}
空亂意衆生

_{비 기 경 계}
非其境界

세존이시여 _{세 존}
世尊

여래장은 곧 _{여 래 장 자 시}
如來藏者 是

법계장이요(여래장이 법의 세계를 만들어내는 근본이 되므로 법계장이라 함) _{법 계 장}
法界藏

법신장이요(여래장을 믿으면 여래의 법신을 얻으므로 법신장이라 함) _{법 신 장}
法身藏

출세간상상장이요 (여래장은 세간의 허위를 넘어선 진실이므로 출세간상상장이라 함) 出世間上上藏

자성청정장이며 (번뇌 속에 감추어져 있는 자성은 본래 청정하므로 자성청정장이라 함) 自性淸淨藏

이 자성청정여래장이 객진번뇌 (마음을 더럽히는 미세한 번뇌들) 와 상

번뇌 (수행을 할 때 일어나는 번뇌) 에 물드는 것은 여래만이 아시는

부사의한 경계입니다.

此自性淸淨如來藏 而客塵煩惱 上煩惱所染 不思議如來境界

그 까닭이 무엇인가? 何以故

찰나의 착한 마음〔善心〕도 번뇌에 물드는 바가

아니요 刹那善心 非煩惱所染

찰나의 착하지 않은 마음〔不善心〕도 번뇌에 물

드는 바가 아니니 刹那不善心 亦非煩惱所染

번뇌는 마음에 접촉하지 않고 煩惱不觸心

마음은 번뇌에 접촉하지 않기 때문입니다.

心不觸煩惱

접촉을 하지 않는데 어떻게 마음을 물들일 수

있겠나이까? 云何不觸法 而能得染心

세존이시여   세존
                                              世尊

그러나 번뇌는 있고   연유번뇌
                                              然有煩惱

번뇌가 마음을 물들이기도 합니다.   유번뇌염심
                                              有煩惱染心

자성청정심(본래의 맑고 깨끗한 마음)이 물든다는 것은

                              자성청정심 이유염자
                              自性淸淨心 而有染者

참으로 알기가 어렵습니다.   난하요지
                                              難可了知

오직 불세존만이   유불세존
                                              唯佛世尊

진실된 눈과 진실된 지혜로   실안실지
                                              實眼實智

법의 근본이 되고   위법근본
                                              爲法根本

통달한 법이 되고   위통달법
                                              爲通達法

정법의 의지처가 되어   위정법의
                                              爲正法依

있는 그대로를 알고 보시나이다.”   여실지견
                                              如實知見

3) 알기 어려운 자성청정심

승만부인이 이렇게 이해하기 어려운 법을 말씀드리고 부처님께 여쭈었을 때 부처님께서는 곧 수희(隨喜)(따라서 기뻐함)하셨다.

승만부인 설시난해지법 문어불시 불즉수희
勝鬘夫人 說是難解之法 問於佛時 佛即隨喜

"그러하고 그러하도다.

여시여시
如是如是

자성청정심이 물든다는 것을 알기는 참으로
어려우니라.

자성청정심 이유염오 난가요지
自性淸淨心 而有染汚 難可了知

두 가지 법을 분명히 알기가 어렵나니

유이법 난가요지
有二法 難可了知

자성청정심을 분명히 알기가 어렵고

위자성청정심 난가요지
謂自性淸淨心 難可了知

그 자성청정심이 번뇌에 물든다는 것 또한 분
명히 알기 어렵느니라.

피심위번뇌소염 역난요지
彼心爲煩惱所染 亦難了知

이 두 가지 법은 너와 대승법을 성취한 보살
마하살만이 능히 듣고 받아들일 수 있으며

여차이법 여급성취대법보살마하살 내능청수
如此二法 汝及成就大法菩薩摩訶薩 乃能聽受

성문들은 부처님이 들려주는 말씀을 믿기만
할 뿐이니라."

제여성문 유신불어
諸餘聲聞 唯信佛語

제14 진자장
眞子章

참된 불자

1) 점점 향상하는 불제자

"만약 믿음으로써 점점 더 향상을 하는 내 제자가
若我弟子隨信增上者
약 아 제 자 수 신 증 상 자

밝은 믿음을 의지하여 법의 지혜에 수순하게
隨順
수 순

되면〔隨順法智〕
수 순 법 지
依明信 已隨順法智
의 명 신 이 수 순 법 지

구경(궁극적인 경지)을 얻게 되느니라.
究竟
구 경
而得究竟
이 득 구 경

법의 지혜에 수순한다는 것은
隨順法智者
수 순 법 지 자

①근(육근)과 의해(육식)와 경계(육경)에 의해 만들어진
根   意解
근   의해

것들을 관찰하고　　　　　관찰시설근의해경계
　　　　　　　　　　　觀察施設根意解境界

②업보를 관찰하고　　　　　　업보
　　　　　　　　　　　　　　觀察業報

③아라한의 수면(번뇌)을 관찰하고　관찰아라한면
　　　　　　　　　　　　　　　觀察阿羅漢眠

④자재로운 마음의 즐거움〔心自在樂〕과 선정의

즐거움〔禪樂〕을 관찰하고　　관찰심자재락선락
　　　　　　　　　　　　觀察心自在樂禪樂

⑤아라한과 벽지불과 대력보살의 성스럽고 자

재한 신통〔聖自在通〕을 관찰하는

관찰아라한벽지불대력보살성자재통
觀察阿羅漢辟支佛大力菩薩聖自在通

이 다섯 가지 선교방편(훌륭하고 적절한 방편)의 관을 성취하

는 것이니라.　　　　　차오종교변관성취
　　　　　　　　　　此五種巧便觀成就

내가 멸도한 뒤의 미래 세상에　어아멸후　미래세중
　　　　　　　　　　　　於我滅後　未來世中

믿음으로써 점점 더 향상을 하는 내 제자가

아제자수신증상
我弟子隨信增上

밝은 믿음을 의지하여 법의 지혜에 수순하게

되면　　　　　　　의어명신　수순법지
　　　　　　　　依於明信　隨順法智

자성청정심이 번뇌에 물들어 있을지라도 구경

을 얻게 되나니　자성청정심　피위번뇌염오　이득구경
　　　　　　自性淸淨心　彼爲煩惱染汚　而得究竟

이 구경은 바로 대승의 도에 들어가는 인이 되
느니라.

<small>시구경자 입대승도인</small>
是究竟者 入大乘道因

여래를 믿으면 이와 같은 큰 이익이 있나니

<small>신여래자 유시대이익</small>
信如來者 有是大利益

깊은 도리를 비방하지 말지어다."

<small>불방심의</small>
不謗深義

2) 대승의 도에 들어가는 이들

그때 승만부인이 부처님께 아뢰었다.

<small>이시 승만백불언</small>
爾時 勝鬘白佛言

"이밖에도 큰 이익이 있사오니

<small>갱유여대이익</small>
更有餘大利益

제가 부처님의 위신력을 빌어서 그 뜻을 더 설
명할까 하옵니다."

<small>아당승불위신 부설사의</small>
我當承佛威神 復說斯義

부처님께서 허락하시자 승만부인이 아뢰었다.

<small>불언 갱설 승만백불언</small>
佛言 更說 勝鬘白佛言

"세 종류의 선남자선여인이

<small>삼종선남자선여인</small>
三種善男子善女人

깊고 깊은 도리를 스스로 훼손하지 않으면

어 심 심 의　이 자 훼 상
於甚深義　離自毁傷

큰 공덕이 생겨나서 대승의 도에 들어가게 되나이다.
생 대 공 덕　입 대 승 도
生大功德　入大乘道

무엇이 그 셋인가?
하 등 위 삼
何等爲三

①선남자선여인이 깊고 깊은 법의 지혜〔甚深法智〕를 스스로 성취하는 것입니다.
위 약 선 남 자 선 여 인　자 성 취 심 심 법 지
謂若善男子善女人　自成就甚深法智

②선남자선여인이 법의 지혜에 수순함〔隨順法智〕을 성취하는 것입니다.
약 선 남 자 선 여 인　성 취 수 순 법 지
若善男子善女人　成就隨順法智

③선남자선여인이 깊은 법들에 대해 스스로 잘 알지는 못하지만 부처님을 우러러 받들면서 '그것은 내 경계가 아니다. 오직 부처님만이 아시는 경계다'라고 하는 것입니다.
약 선 남
若善男
자 선 여 인　어 제 심 법　부 자 요 지　앙 유 세 존　비 아 경 계　유 불 소 지
子善女人　於諸深法　不自了知　仰惟世尊　非我境界　唯佛所知

이를 일컬어 선남자선여인이 여래를 우러러 받드는 것이라 하나이다."
시 명　선 남 자 선 여 인　앙 유 여 래
是名　善男子善女人　仰惟如來

제15 승만장

勝 鬘 章

승만부인의 사자후

1) 호법을 위한 방편

"이 세 종류의 선남자선여인을 제외한 나머지
중생들은
除此諸善男子善女人已 諸餘衆生

갖가지 깊고 깊은 법에 대한 망령된 설에 깊이
집착하여
於諸甚深法 堅著妄說

정법을 어기고 여러 외도의 법을 익히는 부패
한 종자들이오니
違背正法 習諸外道 腐敗種子者

마땅히 왕의 힘이나 천인·용·귀신의 힘으로
항복을 받아야〔調伏〕 합니다."

당 이 왕 력 급 천 룡 귀 신 력　이 조 복 지
當以王力及天龍鬼神力　而調伏之

그리고는 승만부인이 권속들과 함께 부처님의
발에 예배하자 부처님께서 이르셨다.

이 시 승 만　여 제 권 속　정 례 불 족　불 언
爾時勝鬘　與諸眷屬　頂禮佛足　佛言

선 재 선 재　승 만
"착하고 훌륭하구나, 승만아.　善哉善哉　勝鬘
이 깊고 깊은 법을 방편으로 수호하여

어 심 심 법　방 편 수 호
於甚深法　方便守護

바르지 못한 법을 항복시키고 해야 할 바를
항 복 비 법　선 득 기 의
잘 해내었구나.　降伏非法　善得其宜
네가 이미 백천억 부처님을 가까이 하였기 때
문에 이 이치를 능히 설할 수 있게 된 것이다."

여 이 친 근 백 천 억 불　능 설 차 의
汝已親近百千億佛　能說此義

2) 승만부인의 교화
그때 세존께서는 훌륭한 광명을 발하여 대중

을 두루 비추시고 이시 세존 방승광명 보조대중 爾時 世尊 放勝光明 普照大衆

다라수 多羅樹 (높이 25m까지 자라는 열대성 식물. 이 나무를 높이의 단위로 쓴 것임)의 일곱 배 높이 허공까지 오르셔서 신 승 허 공 고 칠 다 라 수 身昇虛空高七多羅樹

허공을 밟고 걸어 사위국 舍衛國 으로 돌아가셨다. 족 보 허 공 환 사 위 국 足步虛空 還舍衛國

승만부인과 여러 권속들은 합장을 한 채 잠시도 눈을 떼지 않고 부처님을 바라보다가 부처님께서 보이지 않게 되었을 때 시 時

승 만 부 인 여 제 권 속 합 장 향 불 관 무 염 족 목 불 잠 사 과 안 경 이
勝鬘夫人 與諸眷屬 合掌向佛 觀無厭足 目不暫捨 過眼境已

뛸듯이 기뻐하며 저마다 여래의 공덕을 찬탄하였고 부처님에 관한 모든 것을 생각하였다.

용 약 환 희 각 각 칭 탄 여 래 공 덕 구 족 염 불
踊躍歡喜 各各稱歎如來功德 具足念佛

그리고 아유타국의 성 안으로 돌아와 우칭왕 友稱王 에게 이 대승법을 찬탄하고는

환 입 성 중 향 우 칭 왕 칭 탄 대 승
還入城中 向友稱王 稱歎大乘

성 안의 일곱 살 넘은 여자들을 대승법으로 교

화하였으며

성 중 여 인 칠 세 이 상 화 이 대 승
城中女人 七歲已上 化以大乘

우칭왕도 대승법으로 일곱 살이 넘는 남자들을 교화하여

우 칭 대 왕 역 이 대 승 화 제 남 자 칠 세 이 상
友稱大王 亦以大乘 化諸男子七歲已上

온 나라 백성 모두를 대승으로 향하게 하였다.

거 국 인 민 개 향 대 승
擧國人民 皆向大乘

3) 제석천에게 유통을 당부함

세존께서는 기원정사로 돌아가 장로 아난에게 이르시고

이 시 세 존 입 기 환 림 고 장 로 아 난
爾時 世尊 入祇桓林 告長老阿難

아울러 제석천(帝釋天)(33천인 도리천의 왕)을 생각하자 제석천이 권속들과 함께 홀연히 부처님 앞에 나타났다.

금 염 천 제 석 응 시 제 석 여 제 권 속 홀 연 이 지 주 어 불 전
及念天帝釋 應時帝釋 與諸眷屬 忽然而至住於佛前

세존께서는 제석천과 장로 아난에게 이 경을 자세히 설하신 다음 제석에게 이르셨다.

이 시 세 존 향 천 제 석 급 장 로 아 난 광 설 차 경 설 이 고 제 석 언
爾時 世尊 向天帝釋 及長老阿難 廣說此經說已 告帝釋言

"그대는 마땅히 이 경을 수지하고 독송하여라.

汝當受持讀誦此經
_{여당수지독송차경}

교시가(^{제석천의 다른 이름})여, 선남자선여인이 항하사의 겁
_{憍尸迦}

동안 보리행을 닦고 육바라밀을 행한 복보다
_{菩提行}　_{六波羅蜜}

憍尸迦　善男子善女人　於恒沙劫　修菩提行　行六波羅蜜
_{교시가　선남자선여인　어항사겁　수보리행　행육바라밀}

선남자선여인이 이 경을 받아 독송하고 지니

는 복이 더 많으니라.

若復善男子善女人　聽受讀誦乃至執持經卷　福多於彼
_{약부선남자선여인　청수독송내지집지경권　복다어피}

하물며 남을 위해 이 경을 널리 설명하여 주

는 이야 말할 것이 있겠느냐?　何況廣爲人說
　　　　　　　　　　　　　　　_{하황광위인설}

그러므로 교시가여　是故　憍尸迦
　　　　　　　　　　_{시고　교시가}

마땅히 이 경을 독송하고　當讀誦此經
　　　　　　　　　　　　　_{당독송차경}

삼십삼천의 천인들을 위해 분별해서 자세히
_{三十三天}

설할지어다."　爲三十三天　分別廣說
　　　　　　　_{위삼십삼천　분별광설}

그리고 다시 아난에게 이르셨다.　復告阿難
　　　　　　　　　　　　　　　　_{부고아난}

"너 또한 이 경을 수지 독송하고 사부대중을

위해 널리 설할지니라."　汝亦受持讀誦　爲四衆廣說
　　　　　　　　　　　_{여역수지독송　위사중광설}

4) 경의 이름과 유통

그때 제석천이 여쭈었다.
"세존이시여
이 경을 무엇이라 이름하며
어떻게 받들고 지니오리까?"
부처님께서 제석에게 이르셨다.

시 천제석 백불언
時 天帝釋 白佛言

세 존
世尊

당 하명사경
當何名斯經

운하봉지
云何奉持

불 고 제 석
佛告帝釋

"이 경은 한량없고 가이 없는 공덕을 성취하게 하나니

차 경 성 취 무 량 무 변 공 덕
此經 成就無量無邊功德

일체 성문과 연각은 구경까지 다 관찰하거나 알 수가 없느니라.

일 체 성 문 연 각 불 능 구 경 관 찰 지 견
一切聲聞緣覺 不能究竟觀察知見

교시가여, 마땅히 알아라.

교 시 가 당 지
憍尸迦 當知

이 경에는 매우 깊고 미묘한 대공덕이 모여 있느니라.

차 경 심 심 미 묘 대 공 덕 취
此經 甚深微妙大功德聚

이제 너희를 위해 경의 명칭을 간략히 말하리니 잘 듣고 사유하여라."

금 당 위 여 약 설 기 명 체 청 체 청 선 사 념 지
今當爲汝 略說其名 諦聽諦聽 善思念之

이에 제석천과 장로 아난이 부처님께 아뢰었다.

時 天帝釋及長老阿難 白佛言

"훌륭하시옵니다, 세존이시여. 가르침을 받들겠나이다."

善哉 世尊 唯然受教

부처님께서 이르셨다.

佛言

"이 경은

此經

① 여래의 진실한 제일의공덕을 찬탄한 것이니

歎如來眞實第一義功德

이와 같이 수지(받아서 잘 지님)하여라.

如是受持

② 부사의대수(생각으로 헤아릴 수 없는 큰 서원)이니

不思議大受

이와 같이 수지하여라.

如是受持

③ 일체의 원을 포섭하는 대원이니 一切願攝大願

이와 같이 수지하여라.

如是受持

④ 부사의한 섭수정법을 설한 것이니

說不思議攝受正法

이와 같이 수지하여라.

如是受持

⑤ 일승에 들어감을 설한 것이니 說入一乘

이와 같이 수지하여라. 如是受持

⑥ 가없는 성제(성스러운 깨달음)를 설한 것이니 說無邊聖諦

이와 같이 수지하여라. 如是受持

⑦ 여래장을 설한 것이니 說如來藏

이와 같이 수지하여라. 如是受持

⑧ 법신을 설한 것이니 說法身

이와 같이 수지하여라. 如是受持

⑨ 공의은부진실(공의 도리에 숨겨진 여래장의 진실)을 설한 것이니

說空義隱覆眞實

이와 같이 수지하여라. 如是受持

⑩ 일제(하나의 진리 제일의제)을 설한 것이니 說一諦

이와 같이 수지하여라. 如是受持

⑪ 상주안온일의(항상되고 안온한 하나의 의지처)를 설한 것이니

說常住安隱一依

이와 같이 수지하여라. 如是受持

⑫ 전도와 진실을 설한 것이니 說顚倒眞實

이와 같이 수지하여라. 　　　如是受持
　　　　　　　　　　　　　　　　　　여시수지

⑬자성청정심이 번뇌에 가리워져 있음을 설한
　　　自性淸淨心

것이니 　　　　　　　　　說自性淸淨心隱覆
　　　　　　　　　　　　　　설자성청정심은부

이와 같이 수지하여라. 　　　如是受持
　　　　　　　　　　　　　　　　　　여시수지

⑭여래진자(여래의 참된 아들)에 대해 설한 것이니 說如來眞子
　　　如來眞子　　　　　　　　　　　설여래진자

이와 같이 수지하여라. 　　　如是受持
　　　　　　　　　　　　　　　　　　여시수지

⑮승만부인의 사자후를 설한 것이니
　　　　　　　師子吼

　　　　　　　　　　　　說勝鬘夫人師子吼
　　　　　　　　　　　　설승만부인사자후

이와 같이 수지하여라. 　　　如是受持
　　　　　　　　　　　　　　　　　　여시수지

또한 교시가여 　　　　　　　復次 憍尸迦
　　　　　　　　　　　　　　부차 교시가

이 경에서 설한 내용은 　　　此經所說
　　　　　　　　　　　　　　　　차경소설

일체의 의심을 끊고 　　　　　斷一切疑
　　　　　　　　　　　　　　　단일체의

결정코 완전한 뜻을 깨달아 　決定了義
　　　　　　　　　　　　　　　결정요의

일승의 도에 들게 하느니라. 　入一乘道
　　　　　　　　　　　　　　　입일승도

교시가여 　　　　　　　　　　憍尸迦
　　　　　　　　　　　　　　　교시가

이제 이 승만부인사자후경을 그대에게 부촉하
나니

今以此說勝鬘夫人師子吼經 付囑於汝

법이 머무르는 날까지 수지 독송하고 널리 분
별하여 설할지니라.”

乃至法住 受持讀誦 廣分別說

제석천이 부처님께 아뢰었다.

帝釋白佛言

“훌륭하시옵니다, 세존이시여.

善哉世尊

높으신 가르침을 잘 받들겠나이다.”

頂受尊教

그때 제석천과 장로 아난과 법회에 있던 천
인·인간·아수라·건달바 등이

時天帝釋 長老阿難 及諸大會 天人阿修羅乾闥婆等

부처님의 말씀을 듣고 크게 기뻐하며 받들어
행하였다.

聞佛所說 歡喜奉行

〈승만경 끝〉

역자 김현준 金鉉埈

　동국대학교 대학원에서 불교학을 전공하고, 한국학중앙연구원에서 한국불교를 연구하였으며, 우리문화연구원 원장, 성보문화재연구원 원장을 역임하였다. 현재 불교신행연구원 원장, 월간 「법공양」 발행인 겸 편집인, 효림출판사와 새벽숲출판사의 주필 및 고문으로 활동하고 있다.

　저서로는『참회와 사랑의 기도법』·『기도성취 백팔문답』·『광명진언 기도법』·『신묘장구대다라니 기도법』·『참회·참회기도법』·『불자의 자녀사랑 기도법』·『미타신앙·미타기도법』·『관음신앙·관음기도법』·『지장신앙·지장기도법』·『석가 우리들의 부처님』·『생활 속의 반야심경』·『생활 속의 천수경』·『생활 속의 보왕삼매론』·『사찰, 그 속에 깃든 의미』·『예불문, 그 속에 깃든 의미』·『육바라밀』·『사성제와 팔정도』·『삼법인·중도』·『인연법』·『자비실천의 길 사섭법』 등 30여 종이 있으며, 번역서로는『법화경』·『자비도량참법』·『지장경』·『육조단경』·『약사경』·『보현행원품』 등이 있다.

한글 승만경

초 판　1쇄 펴낸날　2019년　12월　28일
　　　　2쇄 펴낸날　2020년　2월　17일

옮긴이　김현준
펴낸이　김연지
펴낸곳　효림출판사
등록일　1992년 1월 13일 (제 2-1305호)
주　소　서울특별시 서초구 반포대로14길 30, 907호 (서초동, 센츄리I)
전　화　02-582-6612, 587-6612
팩　스　02-586-9078
이메일　hyorim@nate.com

값 5,000원

ⓒ 효림출판사 2019
ISBN　979-11-87508-40-3　03220